Johann Gottfried Herder

Eine Metakritik zur Kritik der reinen Vernunft

Johann Gottfried Herder

Eine Metakritik zur Kritik der reinen Vernunft

ISBN/EAN: 9783744623858

Hergestellt in Europa, USA, Kanada, Australien, Japan

Cover: Foto ©Thomas Meinert / pixelio.de

Weitere Bücher finden Sie auf **www.hansebooks.com**

Vernunft und Sprache.

Eine

Metakritik

zur

Kritik der reinen Vernunft.

Mit einer Zugabe,

betreffend ein kritisches Tribunal aller Fakultäten,
Regierungen und Geschäfte.

Von

J. G. Herder.

Zweyter Theil.

Frankfurt und Leipzig,
1799.

Innhalt
des
zweyten Theils.

)(10.

---

8. M e=

Metakritik

der

transscendentalen Dialektik.

Zweyter Theil.   A

Wir treten jetzt dem Heiligthum der **reinen Vernunft** näher, vor welchem uns aber statt eines einladenden Lichts eine „Einleitung vom **transscendentalen Schein**" fast zurückscheucht.**)
„In unsrer Vernunft, als ein menschliches Erkenntniß-Vermögen betrachtet, liegen Grundregeln und Maximen ihres Gebrauchs, welche gänzlich das Ansehen objektiver Grundsätze haben, und wodurch es geschieht, daß die subjektive Nothwendigkeit einer gewissen Verknüpfung unsrer Begriffe, zu Gunsten des Verstandes, für eine objektive Nothwendigkeit der Bestimmung der Dinge an sich selbst gehalten wird. Eine Illusion, die gar nicht zu vermeiden ist. Der transscendentale Schein hört nicht auf, ob man ihn schon aufgedeckt und seine Nichtigkeit durch die **transscendentale Kritik** deutlich eingesehen hat. Daß er verschwinde, kann die **transscendentale Dialektik** nie bewerkstelligen. Denn wir haben es mit einer **natürlichen** und **unvermeidlichen** Illusion zu thun, die selbst auf subjektiven Grundsätzen beruhet. Es giebt eine

A 2   natür-

---

*) S. 349.

**) S. 349. u. f. Das Wort ist wahrscheinlich aus Lamberts Organum; welcher mathematische Denker davon aber einen würdigern Gebrauch macht.

4

natürliche und unvermeidliche Dialektik der reinen Vernunft, die der menschlichen Vernunft unhintertreiblich anhängt, und selbst, nachdem wir ihr Blendwerk aufgedeckt haben, dennoch nicht aufhören wird, ihr vorzugaukeln und sie unabläßig in augenblickliche Verirrungen zu stoßen, die jederzeit gehoben zu werden bedürfen." *) — Stehts mit der reinen Vernunft also? Wie kamen Grundsätze und Maximen ihres Gebrauchs, die sie unhintertreiblich anlocken und verführen, in sie? jene natürliche, unvermeidliche Illusion, die sie nie verläßt und verlassen wird? Und was haben wir uns von einer Dialektik zu versprechen, die, indem sie den falschen Schein der Vernunftschlüsse aufdecken und verhüten soll, daß er uns nicht betrüge, selbst eine Gauklerinn wird, die nie aufhört, der Vernunft, der sie unhintertreiblich anhängt, vorzugaukeln? Die Zurechtweiserinn selbst ist also unser Betrüger! —

„Der Verstand mag ein Vermögen der Einheit der Erscheinungen vermittelst der Regeln seyn; die Vernunft ist das Vermögen der Einheit der Verstandes-Regeln unter Principien. Ihr reiner Gebrauch ist, zu dem bedingten Erkenntniß des Verstandes das Unbedingte zu finden, womit die Einheit desselben vollendet wird. Da aber das Bedingte aufs Unbedingte sich nicht beziehet, auch aus demselben verschiedene Sätze entspringen, von denen

der

---

*) S. 353. 354.

der reine Verstand nichts weiß, das Unbedingte aber,
wenn es wirklich Statt hat, besonders erwogen werden
kann nach allen den Bestimmungen, die es von jedem Bedingten unterscheiden, und dadurch Stoff zu manchen synthetischen Sätzen a priori geben muß: so werden die aus
diesem obersten Princip der reinen Vernunft entspringende
Grundsätze transscendent seyn, d. i. es wird kein ihm
(dem Princip) adäquater empirischer Gebrauch von demselben (Princip der Vernunft) je gemacht werden können. Es
(das Princip) wird sich also von allen Grundsätzen des Verstandes gänzlich unterscheiden." — Betrügerische Ein-
richtung der menschlichen Seelenkräfte! Die
Vernunft sucht etwas, was sie nicht finden kann;
sie sucht es in etwas, worinn es nicht liegt; sie
sucht es, ohne je einen ihm adäquaten Gebrauch davon machen zu können, und muß es
ihrer Natur nach doch suchen, d. i. sich unaufhörlich täuschen. „Ihr Principium unterscheidet sich
von allen Grundsätzen des Verstandes gänzlich." *)

„Ob jener Grundsatz: daß sich die Reihe der Bedingungen, in der Synthesis der Erscheinungen oder auch des
Denkens der Dinge überhaupt, bis zum Unbedingten er-
strecke, seine objektive Richtigkeit habe oder
nicht? welche Forderungen daraus auf den empirischen
Menschen-Verstand fliessen? oder ob es vielmehr keinen
dergleichen objektivgültigen Vernunftsatz gebe, sondern eine blos logische Vorschrift, sich, im Auf-
steigen zu immer höheren Bedingungen, der Vollständigkeit

A 3 derselben

---

*) S. 365.

derselben zu nähern, und dadurch die höchste uns mögliche Vernunft-Einheit zu bewirken? ob, sage ich, dieses Bedürfniß der Vernunft durch einen Mißverstand für einen transscendentalen Grundsatz der reinen Vernunft gehalten worden, der eine solche unbeschränkte Vollständigkeit übereilter Weise von der Reihe der Bedingungen in den Gegenständen selbst postulirt u. f., das wird unser Geschäft in der transscendentalen Dialektik seyn: welche wir jetzt aus ihren Quellen, die tief in der menschlichen Vernunft verborgen sind, entwickeln wollen." *) Ehe wir dieser Entwicklung aus tiefen Quellen beywohnen, wird es vergönnet seyn, den Begriff der Vernunft, wie er nicht in der Tiefe des Abgrundes, sondern dem Verstande klar vorliegt, zu entwickeln. Eine fortwährende Tendenz zu unvermeidlichen, unableglichen Fehlern kann ihr constituirendes Principium nicht seyn.

Was ist Vernunft?

In unsrer Sprache kommt das Wort von Vernehmen, einem genauen Zusammennehmen her, welches letzte das Wort Vernunft mit seiner Endung ausdrückt. **) In

andern

---

*) S. 365—66.

**) Die Alten sagten auch Vernunft: welche Endung (Zunft, Ankunft u. f.) immer ein Zusammennehmen oder eine Vollendung bezeichnet.

andern Sprachen heißt sie Verhältniß, Ur=
sache, Rechnung. (ratio λογος.) Beyde Na=
men drücken ihre Natur und ihren Gebrauch,
aber auch ihren möglichen Mißbrauch aus. Denn
nehme ich nicht Alles oder nicht recht zusam=
men, was zusammen genommen werden soll;
habe ich entweder nicht alle Data, oder rechne
mit ihnen nicht richtig: so ist nach beyden Be=
zeichnungen der Zweck der Vernunft verfehlet.

Sowohl Rechnen als Vernehmen
(percipere, examinare) setzt einen Zweck vor=
aus: denn zwecklos sammlet und rechnet nie=
mand. Keinem andern Worte legt man also
den Begriff des Brauchbaren, der geschäf=
tigen Anwendung so untrennbar bey, als
dem Wort Vernunft. Wirkliche Erfahrungen
sollen in ihr zusammengenommen, durchhört,
gefaßt seyn; ins Praktische soll sie übergehen und
darinn angewandt, erprobt werden — das er=
wartet, das lobt man an der Vernunft. So=
bald sie von dieser Regel abweicht, heißt sie
Unvernunft, Vernünfteley. In der alten Spra=
che hieß das gerichtliche Vornehmen und Ver=
hör Vornunft, Vernunft; *) ein genaues
Vernehmen alles dessen, was gehört werden soll,

A 4　　　schließt

---

*) Unvernunft hieß die Folter, da man eine Aussage
erpreßte.

schließt das Wort Vernunft in sich. Vernunft
ziehet ihren Schluß also mit Richter-Strenge.
Der erste Satz, den sie setzte, war ein Gesetz;
der zweyte war That oder Fall, die sie dem
Gesetz unterstellt, und darauf einen Schluß
fället. Dieser Schluß heißt Bescheid oder
Weisung. Vernunft ist unser höchstes Gericht; von dem Verstande läßt sich an sie, von
ihr in Vernunftsachen nicht an den Verstand
appelliren; denn, um jene zu entscheiden,
muß dieser erst selbst Vernunft, d. i. ein
strenger Vernehmer werden. Sein Amt war,
den Richter mit dem, was Er verstanden hatte,
zu unterrichten; dann wäge und richte dieser.
In der Vernunftsprache der Menschen hat also
ein Vernunftspruch oder Ausspruch Ge-
setzeskraft; in diesem Gerichtshofe giebts kein
doppeltes Gesetzbuch, d. i. Antionomieen und
Gegenvernünfte. Vernunft (das erkennen
alle) ist nur Eine, so wie zwischen zwey Punk-
ten nur Eine gerade Linie statt findet.

An dem, was zu lassen oder zu thun
ist, d. i. in praktischen Fällen mußte sich Vernunft also zuerst erproben; hier rief Bedürfniß,
oft schnelle Noth das Gericht zusammen, daß
es vernähme und spräche. In verwickelten Fällen fand Ueberlegung statt; noch genauer
wurde erwogen; die Zunge der Waage oder

ein

ein Strich am Balken gab Urtheil, d. i.
Ertheilung des Ausschlags. *) So schied man
Fälle des Rechts und Unrechts, der Pflicht und
Freyheit, des Befugnisses, Zwanges, des Wah=
ren und Falschen durch ein Ist und Ist nicht.

Offenbar ergiebt sich hieraus, daß die Ver=
nunft ein anwendend=höherer Verstand
sey, die Grundsätze beyder stehen einander nicht
entgegen. Auch der Verstand erkennet, d. i.
er unterscheidet das Wahre vom Falschen durch
ein Merkmal; mittelst dieses spricht er den Na=
men der Sache bezeichnend aus. Die Vernunft
erkennet auch: nur schliessend, d. i. be=
schliessend aus vorgelegtem Grunde. Was Je=
ner kurz aussprach, führt sie mit deutlicher Ur=
sache herbey. Der Verstand hatte diese Ursache
auch in sich; aber er verschweigt sie und spricht
in abgekürzten Schlüssen; statt der Gründe nen=
net er Resultate. So sind viele Sprüchwörter
nichts als aus gesammelten Erfahrungen gezo=
gene Urtheile, geprägte Ausdrücke sowohl der
Vernunft als des Verstandes. Der ausführli=

A 5   che

---

*) Urtheilen ist ertheilen, nach richtiger Abwä=
gung jedem seinen Theil geben: Die deutsche Sprache
hat prägnante Gerichtsworte; viele davon sind auf den
Gebrauch unsrer Seelenkräfte treflich angewandt.

che Vernunftschluß ist eine ordnungsmäßige Ex=
position des Spruchs als eines Gesetzes, ange=
wandt aufs Factum. Was in der einfachen
Anerkennung Merkmal, im Urtheil Prädi=
kat hieß, heißt in ihm Mittelbegriff (medius
terminus): dort aber wie hier war der Urtheils=
Actus der Seele Ein und derselbe. Erkennt=
nißkraft erkennet an, sie heiße Verstand oder
Vernunft, Urtheilskraft oder in prakti=
schen Fällen Gewissen; ihr inneres Princi=
pium ist Eins und dasselbe.

Je richtiger und lebhafter also die Vernunft
anerkennet, je treffender sie das Faktum unter
das Gesetz stellt, als ob es nur für diesen Fall
gemacht wäre; desto biederer richtet sie. Nicht
auf des Gesetzes weit umfassende Formel kommts
an; sondern auf das Dringende derselben zu
diesem Fall. Nicht die ganze Welt darf es
umgreifen; aber ergreifen muß es den
vorliegenden Gegenstand; sonst stehet es in sei=
ner müssigen Allgemeinheit todt da. Der Ge=
setzgelehrte, der aus ungehörigen oder unbe=
stimmten Gesetzen subsumirt, hat unrecht ge=
sprochen, falsch gerichtet.

Dies Treffende und Eigentliche jedes Ver=
nunft=Aktus drückt unsre Sprache redend aus.
Ding nannte sie die Sache, über welche ge=

richtet

richtet ward. *) Im allgemeinen d. i. unbe=
dingten Gesetz konnte dies Ding nicht ge=
nannt werden, der Kraft nach aber mußte es
darinn enthalten seyn, wenn dies Ding, d. i.
das Factum darunter gehören sollte. Angewen=
det auf diesen Fall, (das Ding, wovon die
Rede war) ward der Satz bedingt; und eben
daß er sich also bedingen, d. i. hierauf so
beziehen ließ, als ob er diesen Fall allein aus=
drückte, schloß er und ward des Dinges
Spruch, Ausspruch. Die Vernunft findet
also keinen Skrupel darinn, daß sich gegebne
Bedingungen eines gewissen Falls auf etwas
Unbedingtes erstrecken, oder (richtiger zu reden)
darinn erkannt werden mögen; ein so blöder
Zweifel hübe nicht nur die Vernunft, sondern

jedes

---

*) Ding heißt Hausrath, Sache, sodann Gespräch
darüber, Factum, dann Sache, Gerichtssache,
Gerichtshandlung, Gericht; daher Dingen,
Bedingen u. f. Vom rechten Verständniß dieser
Worte hängt in dem, was man beym Vernunft=Ge=
brauch bedingt, unbedingt nennt, alles ab.
Ueber die Bedeutung und Ableitung dieser Worte s.
Wachter, Schilter, Frisch, Haltaus, Ihre.
Der von Adelung bemerkte Doppelsinn des Worts,
nach welchem es die Sache selbst und die Rede darü=
ber bezeichnet, ist vielen Worten unsrer Sprache, die
ob= und subjektiv bezeichnen, eigen.

jedes Erkenntniß des Verstandes auf. Auch in
ihm erkenne ich ein Besonders im Allgemeinen,
das Eins im Vielen, ein Bedingtes im Unbe=
dingten. Der gemeine Verstand sieht dies so
klar ein, daß er in seinen Vernunftschlüssen den
ersten unbedingten Satz sogar verschweiget; er
nennet Ding und Folge; das Unbedingte
den allgemeinen Satz, thue der Hörende hinzu,
er hat ihn in seiner Seele.

Sofort erhellet, daß das eben nicht der
grösseste Mißbrauch der Vernunft sey, wenn
sie im Obersatz zuviel zusammen nimmt und
ihn etwa zu weit, d. i. leer ausbreitet. Kin=
der thun dies gern und alle die den Kindern
gleichen. Sie sprechen ein All aus, wo sie nur
Viel meynen; das Viele ist nämlich das All
ihrer Erfahrung, oder ihres Glaubens. Tag=
täglich sprechen wir solche Alls aus, ohne daß
wir denken, ob auch Eins derselben ein All sey;
unschädlich dem Sinn der Rede. Wir hätten
sie auslassen oder einschränken können; der Be=
zug auf dies Ding bliebe doch richtig. *) Wenn
der Naturmensch sagt: „viel, wie der Sand
am Meere, wie die Haare meines Hauptes,“
                                    — so

---

*) Daher auch die Voraussetzung des All bey so vielen
    Worten: allbereits, allda, also u. f. Der gemei=
    ne Verstand spricht immer gern mit vollem Munde.

so will er damit nicht Sand und Haar gezählt haben. Dieser transscendente Irrschein der Vernuft-Ausdrücke ist also meistens nur Exergesie oder Pleonasmus. Ich z. B. werde sterben, wenn auch eben nicht alle Menschen gestorben wären; der Obersatz eines Schlusses, der dies ohne Gewährleistung allgemein ausdrückte, „alle Menschen sind sterblich; du bist ein Mensch u. s. f. schadet durch sein All der Folge nicht, indem alle Menschen, die wir kannten, gestorben sind und sterben werden. Dagegen ist zweytens die schlimmere Krankheit der Vernunft die, nicht richtig beziehen zu können, das Gesetz vor sich zu haben und in ihm die klare Bedingung des Gegebnen nicht anerkennen zu wollen. Dies Unvermögen heißt läßige Vernunft, Stumpfheit des richterlichen Blicks, Trägheit. —

Nach diesen Voraussetzungen werden uns die Fehler und Irren der Vernunft heller als an jenem täuschenden Dämmerlicht erscheinen, in welchem Vernunft ihrer Natur nach ewig betrügen und betrogen werden mußte.

* * *

„Der

„Der transscendentalen Dialektik
Erstes Buch.

Von den Begriffen der reinen Vernunft.

I. Von den Ideen überhaupt.
II. Von den transscendentalen Ideen.
III. System der transscendentalen Ideen.“ *)

„Vernunftbegriffe sind geschlossene Begriffe. Die Benennung eines Vernunftbegriffs zeigt schon vorläufig, daß er sich nicht innerhalb der Erfahrung wolle beschränken lassen, weil er eine Erkenntniß betrifft, von der jede empirische nur ein Theil ist, bis dahin zwar keine wirkliche Erfahrung jemals völlig zureicht, aber doch jederzeit dazu gehörig ist.“ **) Die Benennung eines Vernunftbegriffs sagt, daß er sich nicht innerhalb einer einzelnen Erfahrung wolle beschränken lassen, sondern im Gemeinsatz viele Erfahrungen als Verstandesbegriffe zusammen nehme; sie sagt aber zugleich, daß Vernunft solche zusammen nehme, um in ihnen ein Eins als Ding zu finden. Aufs Gerathewohl gehet sie also nicht umher, nach Gemeinsätzen, die sie als Vernunft nicht brauchen könnte; anwendend ziehet sie diese Gemeinsätze vielmehr auf Dinge nieder. Daß Vernunftbegriffe übrigens eine Erkenntniß sind, von der jede empirische nur ein Theil ist, mithin nie

ganz

---

*) S. 366.   **) Ebendas. u. f.

ganz übersehen werden kann, paßt auf jeden Vernunftbegriff nicht, sondern nur auf die sogenannten unendlichen Begriffe in allgemein kategorischen Sätzen, die auch nur da stehn, damit in ihnen ein Besondres anerkannt werde.

„Wenn Vernunftbegriffe das Unbedingte enthalten, so betreffen sie etwas, worunter alle Erfahrung gehört, welches selbst aber niemals ein Gegenstand der Erfahrung ist; etwas, worauf die Vernunft in ihren Schlüssen aus der Erfahrung führt, und wornach sie den Grad ihres empirischen Gebrauchs schätzet und abmißt, (was) niemals aber ein Glied der empirischen Synthesis ausmacht." *) — Das Unbedingte, das allen Vernunftbegriffen zum Grunde liegt, soll auf ein Bedingtes angewandt werden; dies ist das Amt der Vernunft, außer welchem sie keine Vernunft ist: in seiner größern Weite siehet das Unbedingte müßig da, und wird von ihr nicht geachtet. „Mensch, sterblich, der Mensch Cajus" sind das Schliessende im Begriff, das Wörtlein All schliesset nicht; es gehört aber zur Form der Rede. Der menschliche Verstand hat aus Gedanken, Schlüssen und Erfahrung viel zusammen getragen, das er als einen Gemeinsatz ausdrückt; unter ihn aber subsumirt die Vernunft, d. i. sie prüft seine Anwendung auf den gegenwärtigen Fall;

dies

*) S. 367.

dies heiſſet Schluß. Nicht alſo leere Ausbrei=
tung und Ausdehnung der Vernunftſätze iſt
ihr Geſchäft; ſondern Umſchlieſſung, Um=
ſchränkung. Jene Vernünfteleyen ehren wir
nicht mit dem Namen conceptus ratiocinnantes;*)
ſie heiſſen laxe Begriffe, Gemeinorte,
und der geſunde Verſtand nennt ſie noch der=
ber. **) Der Algebraiſt ſtreicht in ſeiner Rech=
nung das Müßige weg, das dahin nicht gehöret.

„Ideen ſollte man nach Plato blos Vernunftbegriffe
nennen; Begriffe aus Notionen, die die Möglichkeit der
Erfahrung überſteigen.“ ***) Bewahre uns Plato's
Genius vor Begriffen aus Notionen, die die
Möglichkeit aller, auch innerer Erfahrung über=
ſteigen; in den lieblichen Dichtungen ſeiner
Phantaſie dachte Plato an ſolche nicht; ſeine
Ideen waren ſchaffend, wirkend.

„Ein reiner Vernunftbegriff kann überhaupt durch den
Begriff des Unbedingten, ſofern er einen Grund der Syn=
theſis des Bedingten enthält, erklärt werden.“ ****) Da=
mit wird er nicht erklärt, ſondern verdunkelt.
Gegen unbekannte Frevelthaten giebt der Ge=
ſetzgeber kein Geſetz, noch giebt er es in der

Abſicht,

---

*) S. 368.

**) Weidſprüche, Eſelsbrücken, und wenn ſie
betrüglich ſind Alfanzerey.

) S. 370.   *) S. 379.

Abſicht, daß dadurch der Grund zu ihnen ge=
legt werde; dieſe müſſen unter ſolchen und an=
dern Bedingungen gegeben ſeyn, weßhalb ſie
ſein unbedingtes Geſetz unterſaget. Das Ge=
meine auf ein Beſonderes, das Unbedingte auf
ein Bedingtes, Geſetz auf ein Faktum anzu=
wenden, iſt das Amt der Vernunft. Die ſoge=
nannte Allgemeinheit oder Allheit ihres
erſten Satzes bedeutet nichts als eine Totali=
tät im Umfange der Vernunft, die den Satz
ſetzte. Sie nahm zuſammen, was ſie hatte,
was ſie ſich dachte; ſubſumiret aber darunter
und umſchränkt ſich ſelbſt. Von oben herab
wird der Grund des Bedingten nicht gegeben;
dieſes giebt ſich ſelbſt und wird dem Unbe=
dingten nur untergeſtellt, unterzogen.

„So viel Arten des Verhältniſſes es giebt, die der
Verſtand vermittelſt der Kategorien ſich vorſtellt, ſo vieler=
ley reine Vernunftbegriffe wird es auch geben; alſo *)

   1. Ein Unbedingtes der kategoriſchen Syntheſis in ei=
      nem Subjekt.

   2. Der hypotheſiſchen Syntheſis der Glieder einer Reihe.

   3. Der disjunktiven Syntheſis der Theile zu einem
      Syſtem.

„Alſo alles Verhältniß der Vorſtellungen, davon wir
uns entweder einen Begriff oder eine Idee machen können,
iſt demnach: 1. Das

---

*) S. 379.

1. Das Verhältniß zum Subjekt.

2. Zum Mannichfaltigen des Objekts in der Erscheinung.

3. Zu allen Dingen überhaupt.

„Alle transscendente Ideen also gehören zu drey Klassen:

Klasse 1. enthält die unbedingte Einheit des denkenden Subjekts;

2. Die absolute Einheit der Reihe der Bedingungen der Erscheinung.

3. Die absolute Einheit der Bedingungen aller Gegenstände des Denkens überhaupt." Welche dann wiederum auf Psychologie, Kosmologie und Theologie, und wiederum auf die drey großen Ideen der Metaphysik Gott, Freyheit, Unsterblichkeit zurückgeführt, und darnach ferner die Stücke des Buchs eingetheilt werden. Der reine Liebhaber der Vernunft wünscht, daß dies nicht geschehen, daß die Materie nach diesen drey ausgetretenen Streitplätzen nicht vertheilt wäre: denn da, wie die Kritik selbst sagt, die Vernunft alles kategorisiret, worüber der Verstand denkt, so erwartete man der Aufschrift nach, statt der drey Winkel des alten Fechtbodens, wo über Seele, Welt und Gott dialektisirt wird, ein System transscendentaler Ideen nach allen Kategorien und Prädikamenten. So wichtig jene drey Gegenstände in moralischer Rücksicht seyn mögen, so machen

ſie doch bey weitem das ganze Reich der Vernunftbegriffe nicht aus; am wenigſten ſind ſie
deſſen natürliche und verhältnißmäſſige Eintheilung, wie die Zwangvolle Deduktion derſelben
ſelbſt zeiget. *)

Da die dialektiſchen Vernunftſchlüſſe gleich-
falls nach dieſen drey Orten eingetheilt werden:
ſo bekommen wir drey Klaſſen vernünftelnder Vernunftſchlüſſe. **)

1. „Paralogismen der reinen Vernunft.“
Eine Probe davon über die Seele.

2. „Vier Antinomieen der reinen Vernunft.“ Ueber die Welt.

3. „Das Ideal der reinen Vernunft,
Gott,“ Gott iſt alſo, der „kritiſchen Philoſophie“ zufolge, einer vernünfteln-
den Vernunft höchſtes Operatum.

Ehe wir uns auf dieſen Fechtboden dialekti-
ſcher Paralogismen, Antinomieen und eines her-
ausvernünftelten Ideals wagen, wird die
Frage nothwendig: „iſts denn auch wahr, daß
ein ſolches Syſtem von Vernünfteleyen zu errichten, Amt der Vernunft ſey?“ Iſts wahr,

daß

---

*) S. 390. f.   **) S. 397.

daß sie „nichts anders zur Abſicht habe, als die ab-
ſolute Totalität der Syntheſis auf der Seite der Bedingungen, und daß ſie mit der abſoluten Vollſtändigkeit von
Seiten des Bedingten nichts zu ſchaffen habe?" *)
Oder, deutlich geſprochen, iſts wahr, daß ſich
eine Seele, eine Welt, einen Gott auszuver-
nünfteln, ihr Zweck, ihre Tendenz ſey? Wie
kommt ſie zu allgemeinen Begriffen? hat ſie ſich
dieſe erdichtet, erträumet? und zu welchem Gebrauch hat ſie ſolche?

Vom Urſprunge, Zweck und Gebrauch
allgemeiner Begriffe in der menſch-
lichen Seele.

1. Wir ſind da als Theile der Welt; niemand von uns iſt ein iſolirtes Weltall.
Menſchen ſind wir, im Leibe einer Mutter
empfangen, und als wir in die größere Welt
traten, fanden wir uns ſogleich mit tauſend
Banden unſrer Sinne, unſrer Bedürfniſſe und
Triebe an ein Univerſum geknüpft, von welchem ſich keine ſpekulirende Vernunft trennen
mag. Ohne dies Allgemeine, dem wir an-
gehören, iſt nichts in uns anwendbar oder erklärlich; wir ſelbſt ſind nur als Glieder einer
großen Kette da, ohne welche ſo wenig unſer

Ver-

---

*) S. 393.

Verſtand als unſre Vernunft ſtatt fände. Wir
exiſtiren nur als ein Beſondres im Allge=
meinen.

2. Dies Allgemeine war vor uns
und wird nach uns ſeyn; es empfing
uns, trägt uns, und beſtürmte uns gleichſam
mit einem Meer von Wellen, d. i. Objekten.
Aus ihm empfingen unſre Sinne, an ihm er=
wachte unſer Verſtand; unſre Vernunft kann
nichts bearbeiten, als was ihr an Materialien
das Univerſum zuführet. Das Zugeführte
kann der Verſtand ſich nur klar machen, die
Vernunft nur läutern; die Möglichkeit einer
Erfahrung des Univerſum kann ſie ſich ſo wenig
ſchaffen, daß ſie vielmehr an ihm ſich erſt als
Vernunft, der Verſtand als Verſtand erkennen
lernet. In allen unſern Erkenntniſſen geht alſo
ein Allgemeines dem Beſondern voraus; beyde
ſind mit einander ſo verknüpft, daß Dies in
Jenem nur erkennbar wird, immer nur als
das Glied einer Kette zum Ganzen. In einem
vor uns ſtehenden ungeheuren Spiegel nehmen
wir mit andern auch uns wahr, und ſind dem
Univerſum gleichſam verhaftet.

3. Ueberſehen wird von uns dies Allgemeine
nicht; aus den dunkeln Empfindungen ſeiner
müſſen wir uns helle und deutliche Begriffe mit
Mühe ſondern. Den Himmel voll Sterne thei=

len

len wir also in Sternbilder, in Milchstraßen,
in Sternlagen. So zergliedern wir das Licht
und die Luft, so Wasser, Gewächse, Körper.
Aus einer dunkeln Wolke von Allge-
meinem uns das hellere Bild eines
Besondern zu schaffen, ist das Bestreben
unsrer Sinne, unsrer Vernunft, unsres Verstandes.

4. In der menschlichen Sprache trat also
auch das Allgemeine dem Besondern
vor, obgleich jenes nur an diesem erkannt
wurde. Nicht nur der Kürze und Erinnerung
halben; der Sache und dem Begriff des Verstandes selbst nach sah man das Eine im Vielen und bauete damit auf eine große Grund-
lage; man rechnete, indem man benannte,
das Besondre dem Allgemeinen, den Theil dem
Ganzen zu; nur so bildete sich die menschliche
Sprache. Wozu that man dieses? Nicht etwa
nur um wiederum im Einzelnen das Mehrere,
in andern Theilen das Ganze anzuerkennen,
seine vorigen Erfahrungen zu reihen und wieder
zu finden, kurz im ungeheuren, unübersehbaren
Weltall sich eine Welt zu schaffen, die für den
menschlichen Gesichtskreis gehörte; sondern weil
dieser Aktus das Wesen des anerkennenden Verstandes selbst war. Er konnte
nicht anders als im Allgemeinen das Besondere,

im

im Befondern das Allgemeine finden und knü=
pfen. In ihm felbft wie in der Natur waren
und wurden fie Eins.

5. So philofophirte die Vernunft, ehe fie
das Wort Philofophie kannte. Nicht über den
Kreis aller Erfahrung hinauszulaufen, „um eine
abfolute Totalität der Synthefis auf der Seite der Bedin=
gungen zu Stande zu bringen," war ihr blinder Zweck;
fondern Gegentheils aus dem unüberfehbaren
Ganzen des Univerfum fich einen Theil zu ent=
wölfen, indem man den dunkeln Begriff von
Jenem auf ein Befondres zurückführte, d. i.
eine unbeftimmt=hingeworfene Zahl von Be=
dingungen auf ein Bedingtes beftimmt anwand=
te; dies Bedingte aber wiederum in dem All=
gemeinen fah, in welchem es gegeben war, aus
welchem man es nicht reißen konnte. Die
drey von der „Kritik" gewählten Begriffe,
Seele, Welt, Gott mögen dies zeigen.

6. Der Menfch fand fich im Univerfum als
ein Belebtes. Mancherley Kräfte fein felbft
kamen ihm zur Erfahrung, die er zuerft nach
den Gliedern nannte, durch welche fich ihre
Wirkung offenbaret. Sein Zwerchfell (Φϱην),
fein Herz, feine Bruft waren ihm Seele;
fie gaben ihm Gedanken, Trieb, Muth; wo
fich Leidenfchaften offenbarten, war fein ganzes
Gemüth zugegen. Die Vernunft theilte dies

B 4   Chaos;

Chaos; scheidend die vielnamigen Glieder der
Seele, führte sie das unbestimmte Allgemeine
auf ein denkendes Subjekt (*ωs*) zurück, das sie
feiner und feiner bestimmte. Gieng sie in das
Zufeine und zog daraus Schlüsse, die aus dem
Gegebnen sich nicht ergaben, so war dies ein
Fehler nicht der Vernunft, sondern der falschen
Vernunftkunst, des dialektischen Mißbrauchs
einer gewonnenen Vernunftsprache. In=
dem man weiter und weiter Merkmale theilte
und ihnen die Allgemeinheit lieh, ohne welche
der menschliche Verstand nicht prädiciren kann,
so entstanden Schatten nach Schatten; man
schritt rückwärts, indem man vorwärts zu kom=
men glaubte. Der wahren Vernunft Amt ist,
die Wortspalterin Dialektik zu zähmen, ei=
ner Schwätzerin den Mund zu stopfen, indem
sie solche rein vernimmt: „was weißt du?
was weißt du nicht?“

7. Der Begriff von Welt drang dem Men=
schen als ein Allgemeines, Unendliches, Uner=
messenes zu; die Vernunft konnte nichts thun,
als Vernehmen, Unterscheiden, Ord=
nen. Dies that sie und wirds thun. Je mehr
sie im Allgemeinen einzelne Dinge entnebelt und
diese mit andern vergleicht, entwölkt sie sich
ein Universum. Nicht anders als Stückweise,
in denen ihr vorliegenden Theilen kann dies

ge=

geschehen; welche Enthüllung sie dann verfolgt und recht oder unrecht auf andre noch unentwölfte Theile verbreitet.

8. Der Begriff von geistigen Kräften im Universum hatte die Menschen so überwältiget, daß sie allenthalben in der Natur, wo sie Uebermacht und ein Unendliches mit Furcht und Schrecken, oder mit Dankbarkeit und Liebe inne wurden, ein Göttliches nannten. So ward die Natur mit Gottheiten erfüllt; sie selbst ward Göttinn. Die Vernunft trat hinzu, theilend, sondernd, ordnend diese Heere. Sie warf hinweg aus ihnen, was ungöttlich war, und so flohen zuletzt alle jene Gebilde der Phantasie vor dem höchsten Begriff der Vernunft, dem Einen. Nicht damit nur Einer da sey, hatte ihn die Vernunft gesucht: denn wenn sich die Gottheit theilen ließe, warum sollten nicht Mehrere Götter seyn, wie mehrere vernünftige Seelen? Nur weil der Begriff selbst Einheit fordert, entschied sie für ihn aus eben dem Grunde, aus welchem sie die Welt, die Seele Eins nannte. Nicht um ihrem System als einer Pyramide Spitze zu geben, ordnete sie die Begriffe also; sondern weil das auf sie dringende Universum, eine ungeheure Kugel, zu seiner Bestandheit diesen Mittelpunkt forderte und mit sich führte. Wenn sich nachher

B 5

die

die falsche Sprachmeisterinn, die Klügeley, wie
an Alles, so auch an den Begriff von Gott
machte, und ihm mancherley Unbilde anbog:
so war und ists Amt der Vernunft, ihn rein
zu erhalten und mit strenger Hand das ihm
Nicht = Zukommende hinweg zu thun: denn als
Spielwerk hat sie ihn nicht ersonnen, will ihn
auch nicht als dialektisches Spielwerk gebrauchen.

9. So entstanden diese drey Begriffe, nicht
aus einem klügelnden Streben zur unbedingten
Einheit: denn die höchste Einheit ist allbe =
dingt: in ihr ist Alles gegeben; sondern weil
ein unbedingtes, d. i. unbestimmtes Allgemeine
auf sie drang, in welchem sie Bedingung,
d. i. Bestimmung, suchte, und Kraft ihrer
Natur suchen mußte. —

10. Doch warum weilen wir bey dreyen von
der Dialektik mißbrauchten Begriffen, als ob
sie die einzigen Ideen der Vernunft wären?
Die Tafel der Kategorien liegt vor uns; auf
ihr sind die allgemeinen Begriffe, de =
nen die Vernunft nicht entsagen konnte, über
welche sie aber auch weder hinaus kann, noch
hinaus will, verzeichnet. Seyn, Daseyn,
Fortdauer, Kraft drangen allenthalben
auf sie; der Verstand bemerkte; sie wäget,
misset und entscheidet. Eigenschaften der
Dinge treten allenthalben hervor; der Verstand
be =

bemerkt; sie spricht: „Dasselbe, ein Anders!
Dies vergehet, jenes bleibet; es ist des
Dinges eigentliche Art u. s." Kräfte drin-
gen auf sie, bestehend, gegen = mitwirkend, er-
wirkende Kräfte; der Verstand bemerkt; sie
wägt und entscheidet. Ein Maas, eine Wage
ist ihr gegeben; sie tritt in sich zurück und
spricht: „ich bin selbst Maas." Aus sich nimmt
sie ein solches, um es an Alles, wo sie es kann,
im unermeßbaren Weltall zu legen. Dies ist
ihr Amt; nicht zu vernünfteln.

11. Der Grund ihrer Verirrungen ist also
auch durch sich klar. Eben weil sie im Allgemeinen lebet und wie die Pflanze aus allen
Elementen an sich zu ziehen hat, was für sie
gehöret, muß sie auch mit der Pflanze die Unge-
mächlichkeiten des Allgemeinen theilen. Vom
Weltall dringt so unermessen = Vieles auf sie;
in ihrem Werkzeug, der Sprache, kommen ihr
Allgemeinheiten vor, die, als ob sie schon geformte richtige Begriffe wären, von der Einbildungskraft in Worte gefaßt, und vom Gebrauch mit einem falschen Ansehen beurkundet
sind; trauet sie ihnen, so ist sie betrogen. Oft
vermehrt die sogenannte tägliche Erfahrung dies
falsche Ansehen; und die trügerische Vernunftkunst, eine Meisterinn im Betrügen, thut das
Ihrige hinzu, wo nicht aus Stolz und Eitelkeit,

so

so aus baarer Worttändeley und langer Weile.
Was ist dem Menschen leichter als Geschwätz?
und worüber freuet sich das Kind mehr als über
neugefundene Allgemeinheiten, d. i. Pup=
penworte, mit denen es spielet.

12. Von den Zeiten der Griechen an, durch
alle Jahrhunderte der Scholastiker hindurch ist
also eine Menge Universalien in Gang ge=
bracht, die nicht nur in den Schulen, sondern
auch im gemeinen Leben für allgemeine Ver=
nunftbegriffe gelten, da sie doch beym kleinsten
nähern Anblick wie Wortschatten verschwinden.
Bey den redseligen Griechen galt Dialektik,
d. i. sophistisch=rhetorische Sprachkunst und Lo=
gik, oft für Eins; bey den Scholastikern war das
Geschäft der Vernunft, Worte theilen und
disputiren. Kaum hat also die wahre Ver=
nunft einen ärgern Feind als den, der ihr den
Mißbrauch ihres eigenen Werkzeugs, d. i. dia=
lektische Spitzfindigkeiten, als einen ihr unab=
leglichen Naturfehler und als ihr wesentliches
Geschäft anweiset. Er verbeugt und zerknickt
die Sprosse durch solche Subtilitäten: denn
längst haben alle ächte Vernunftlehrer Logik
und spitzfündige Dialektik von einander ge=
sondert.

13. Die kritische Philosophie also, wenn sie
von keinem ächten Vernunft=Gebrauch, aber von

Dia=

Dialektik der Vernunft, d. i. von Paralogis=
men, Antinomieen und einem vernünftelten
Ideal, desto mehr weiß, hat das Wesen der
Vernunft, wie vorher der Sinne und des
Verstandes, verkannt, indem sie ihr eine
falsche Tendenz als Natur zurechnet. Auf be=
dingungslose Einheit gehet sie nie hinaus: denn
bedingen heißt bestimmen; das Unbeding=
te will eben sie bedingen, d. i. zum Schluß
binden. Dies Unbedingte, d. i. unbestimmt All=
gemeine, erdichtete sie sich nicht, es ist ihr in
der Natur als etwas, dessen sie sich nicht erwehren
kann, gegeben; sie thut das Ihrige, indem
sie es sich zur Welt macht, d. i. partikularisirend
totalisiret. Auch kann sie nicht dafür, daß ihr
in der Sprache grob geformte Allgemeinheiten
gegeben sind: denn ein menschlicher Verstand in
der Kindheit, von Leidenschaften und Phanta=
sie beflügelt, nur Er hatte diese geformet. Ihr
Amt ist, zu entnebeln, (debrouiller) das Falsche
hinweg zu thun, und standhafte Begriffe zu bil=
den. Alle jene Ausdrücke vom „Haschen nach dem
Unbedingten, vom Setzen des Bedingten durchs Unbedingte
a priori" sind ein klares $\sqrt{-1}$: denn durchs
Unbestimmte und Unbestimmbare kann nichts
bestimmt werden. Und aus dem Bestimmten
ins Unbestimmte hinaus zu schreiten, bis man
zuletzt etwas Absolut=Unbestimmtes, d. i. den

höchsten

höchsten Widerspruch, habe, ist kein Werk der Vernunft, sondern der reinen Unvernunft und ihrer Stellvertreterinn, der Wortverwirrenden Dialektik.

14. Hätte z. B. der Verstand nicht wahrgenommen, daß in unsrer denkenden Kraft etwas sehr Bestimmtes und Bestimmendes liege; er hätte die mancherley Aeusserungen der Seelenkräfte nicht auf ihn zurückgeführt, d. i. wie Radien im Zirkel concentriret. Möge sich die Vernunft geirrt haben, indem sie bey ihm auf eine Ellipse oder Parabel hätte rechnen sollen; ihr Geschäft der Reduction des Vielen zu Einem Höchstbedingten und Vielbedingenden war richtig. Boten sich ihr in den Erscheinungen der Welt viel falsche Gemeinheiten dar; sie strebte und strebt unaufhörlich nach wahreren Gemeinheiten, d. i. sie bedinget das Allgemeine besser, bestimmter. Vernünftelnd hat sie den Begriff der Gottheit nicht ersonnen; sondern indem sie falsche Götter, ungeheure, d. i. unbedingte Machtwesen, Spiele der Einbildungskraft verließ, kam sie zum Höchstbedingten, d. i. Allbestimmten und Allbestimmenden Einen. Es heißt die Vernunft umkehren, wenn man durch mißverstandne Worte die Verknüpfung des Allgemeinen mit dem Besondern,

des

des Besondern mit dem Allgemeinen aufhebt
und die Vernunft entvernunftet.

15. In jedem Verworrenen, d. i. Bedingungslosen, suchen wir Bedingungen, d. i. Be-
stimmtheit; Kraft unsrer Vernunft können wir
nicht anders. Je höher hinauf, desto schärfer
und klärer müssen diese Bedingungen werden.
Im Reich der Körper, das unser Blick weder
erfaßt noch durchdringt, wie vieles Unbedingte,
d. i. Unbestimmte, das in der Natur dennoch
höchst bestimmt ist, liegt vor uns! Der bemer-
kende Verstand sucht seine Bedingungen,
nach denen es sodann die Vernunft bestimmt;
eher konnte sie es nicht; sie kann es auch nicht
weiter, als es ihr bedingt erscheinet. Im
Reich der Geister ward uns durch unser Selbst-
bewußtseyn Bedingung und Bestimmung
klärer. Das Ganze der Welt war und ist dem
Verstande so lange ein dunkler Begriff, den desto heller die Phantasie ausmahlte, bis er Gesetze und Ordnung, d. i. Bedingungen, in ihr
wahrnahm, nach welchen die Vernunft ihr To-
tum, das Weltall, allein zu bestimmen vermag. Und da sie einen Ausdruck der Ursache
nöthig hat, die solche Gesetze und Ordnungen
setzt, durch welche die Welt bedingt, d. i.
eine Welt, wird: so ist ihr ein Allbedingendes
unentbehrlich. Nenne man es, wie man wolle;

es

es ist der Vernunft so nöthig, wie der Geometrie der Punkt oder der rechte Winkel. Durch Vernünftelei gerieth sie nicht auf diesen Begriff; er war ihr in ihr selbst gegeben. Auch wollte sie nicht ins Bedingungslose hinausspringen, als sie ihn dachte; sie schritt zur Quelle aller Bedingungen, zum Höchstbestimmten.

16. Auch die Kindheitsschritte der Vernunft werden durch diese Exposition eben so erklärlich als verzeihlich. Wenn die Phantasie zuerst ihre Stelle vertrat und sich das Allgemeine durch ein Bild oder ein anderes Symbol zur Einheit brachte, in diesen Bestimmungen aber allmälich vorschritt, d. i. genauer und reiner bedingte; warum wollten wir nicht auf diese Probestücke der Vernunft mit Zufriedenheit sehn und uns unsrer höhern Stufe einer reinern Bestimmung freuen? Auch in Jenen sehen wir doch den Einen vesten Gang der Vernunft, nicht vom Bedingten zum Unbedingten hinauf, sondern vom Unbestimmten zum Bestimmteren hinunter, dessen Ziel kein anderes als das Absolut-Nothwendige seyn kann: denn Absolut heißt das ganz Vernünftige, das durch sich selbst Höchstbestimmte.

9. Von

9.
Von
Paralogismen
der
reinen Vernunft.

———————————

„Von den dialektischen Schlüßen der reinen Vernunft.

Erstes Hauptstück.

Von den Paralogismen der reinen Vernunft." *)

In diesem und den folgenden Hauptstücken hat sich der Verfasser als den Meister der dialektischen Kunst erwiesen, daher man ihn auch den zermalmenden nannte. Wie aber das Zermalmen eine traurig angewandte Macht wäre, wenn sie Wahres und Nützliches zermalmte: so gebietet schon die Ueberschrift: „Paralogismen der Vernunft" Vorsicht. Konnte, ja müßte die Vernunft, ihrer Natur nach, unvermeidlich fehlschließen; womit verbürgt der dialektische Kritiker sich, daß nicht auch Er paralogisire? Ist die Regel der Vernunft in ihr selbst voll Krümmen und Spalten, wie ist an ihr eine gerade Linie möglich?

C 2 „Man

_____

*) S. 399.

„Man kann sagen, der Gegenstand einer bloßen trankendentalen Idee sey etwas, wovon man keinen Begriff hat, obgleich diese Idee ganz nothwendig in der Vernunft, nach ihren ursprünglichen Gesetzen erzeugt worden. Denn in der That ist auch von einem Gegenstande, der der Foderung der Vernunft adäquat seyn soll, kein Verstandesbegriff möglich."[*] Der Gegenstand einer Idee wäre also etwas, wovon man keinen Begriff hat, und dennoch ein Gegenstand; Gegenstand einer Idee, die ganz nothwendig in der Vernunft nach ihren ursprünglichen Gesetzen erzeugt worden, Gegenstand, der den Forderungen der Vernunft adäquat seyn soll, und von dem in der That kein Verstandesbegriff möglich ist. So wäre das Wesen der Vernunft der Unverstand selbst, αλογος λογος.

„Nun beruhet wenigstens die transcendentale (subjektive) Realität der reinen Vernunftbegriffe darauf, daß wir durch einen nothwendigen Vernunftschluß auf solche Ideen gebracht werden. Also wird es Vernunftschlüsse geben, die keine empirische Prämissen enthalten, und vermittelst deren wir von etwas, das wir kennen, auf etwas anders schliessen, wovon wir doch keinen Begriff haben, und dem wir gleichwohl durch einen unvermeidlichen Schein objektive Realität geben. Dergleichen Schlüsse sind

in

---

[*] S. 396.   1

in Ansehung ihres Resultats eher vernünftelnde als
Vernunftschlüsse zu nennen; wiewohl sie, ihrer Veranlassung wegen, wohl den letztern Namen führen können,
weil sie doch nicht erdichtet oder zufällig entstanden, sondern aus der Natur der Vernunft entsprungen sind.
Es sind Sophisticationen nicht der Menschen, sondern der
reinen Vernunft selbst, von denen selbst der Wei-
seste unter allen Menschen sich nicht losmachen kann,
und vielleicht zwar nach vieler Mühe den Irrthum verhüten, den Schein aber, der ihn unaufhörlich zwackt und äfft,
niemals völlig loswerden kann.‟ *)

„Dieser dialektischen Vernunftschlüsse giebt es nur
dreyerley Arten, so vielfach als die Ideen sind, auf
die ihre Schlußsätze hinauslaufen. In den Vernunftschlüssen der ersten Classe schliesse ich von dem transcendentalen
Begriff des Subjekts, der nichts Mannichfaltiges enthält, auf die absolute Einheit dieses Subjekts selber, von
welchem ich auf diese Weise gar keinen Be-
griff habe. Diesen transscendentalen Schluß werde ich
den transscendentalen Paralogismus nennen. Ein
transscendentaler Paralogismus hat einen transscendentalen
Grund, der Form nach falsch zu schliessen.
Auf solche Weise wird ein dergleichen Fehlschluß in der
Natur der Menschenvernunft seinen Grund
haben, und eine unvermeidliche, obgleich nicht un-
auflösliche Illusion bey sich führen.‟ **) Wir besitzen also eine Vernunft, die ihrer Natur nach
unvermeidlich paralogisiret. Sie macht
Fehlschlüsse, von denen der Grund ihrer

C 3 Falsch-

---

*) S. 397.   **) S. 399. u. f.

Falschheit auch der Form nach in ihrer
Natur liegt, und diese Art zu schliessen ist auch
dem Weisesten unableglich. Lasset uns an
dem von der „Kritik" selbst beygebrachten Exem-
pel, dessen dialektische Exposition *) in ihr
gelesen werden mag, ein kleines „Geding"
der wahren, nicht dialektischen Vernunft errichten: denn von der Natur unsrer
Vernunft, nicht von ihrem Mißbrauch in Sophisticationen der Schule ist hier die Rede.

Vernunft schliesset, sie richtet; ein
Richter aber kann in einer Sache nicht erkennen, wenn diese ihm nicht klar vorliegt. Deßhalb läßt er sie sich in bestimmten terminis vor-
tragen und Artikelweise bescheinigen oder beweisen. Ist das erste nicht geschehen, weiset er sie
angebrachter maassen ab; beym zweyten
urtheilt er blos, ob bescheinigt oder nicht bescheinigt, bewiesen oder nicht bewiesen sey, und
bescheidet. Er bescheidet nach dem Gesetz,
d. i. nach einer Regel, die dies Besondere unter dem Allgemeinen, dies Ding mit seinen
Bedingungen unter dem Unbedingten so klar
begreifet, als ob es für diesen Fall allein gemacht wäre. Nichts anders thut die Vernunft;
sie bedingt und spricht aus nach Erkenntniß.

Ur-

---

*) S. 399. u. f.

Urtheil der Vernunft
über das:
»Ich denke.«

Träten Partheyen vor sie mit dem Satz: »ich denke!« und der Frage: »was folgt daraus?« so weiset sie die Fragenden ab: denn sie rathschlaget nicht, sondern richtet. Aus der Erfahrung: »ich denke« kann viel folgen, und doch nicht was diese Partheyen wünschen. Sie antwortet: »wer bist du denkendes Ich? und was nennest du denken? Bringt euer Gesuch an; ich will vernehmen, und wenn ich ein Gesetz darüber habe, entscheiden; mehr kann ich nicht.«

Die Partheyen sprechen wilde durcheinander: »meine Seele denkt, sie denkt aus eigner Kraft, unaufhörlich. Deßhalb ist sie eine Substanz, fortdauernd, unzerstörbar; sie ist immateriell, personell, spirituell, incorruptibel.« Sondert euch, spricht die Vernunft: bestimmet, theilet! Was nennet ihr Seele, Kraft, Substanz, Materie, Person, Geist, Zerstörung?

Erste Parthey. »Meine Seele ist, was meinen Leib beseelet. Sich durch alle Glieder erstreckend, wirkt sie unaufhaltsam; und vom Leibe getrennt, bleibt sie noch wirkend: ein geistiges Bild, ein Simulacrum. Diß war der Glaube der gesammten alten Welt, und ist

C 4   noch

noch ~~Glaube~~ des gemeinen Menschenverstandes.
Sie ist mir erschienen." —

Wenn sie dir erschienen ist, (sagt die Ver=
nunft,) so glaube deiner Erfahrung; prüfe
sie aber vorher, denn tausend Irrthümer sind
in ihr möglich. Willst du ohne Untersuchung
dem Glauben der alten Welt glauben: so nenne
dies nicht Product des Menschenverstandes,
sondern der Phantasie, deren Veranlassung dein
Verstand eben untersuchen soll, ehe du glau=
best. Weder als einzelne Erfahrung, noch als
Phantasie gehört dein Glaube vor meinen Richt=
stuhl; kein gemeines Gesetz, auch keine Analo=
gie solcher Erscheinungen findet sich im Lauf
meiner Akten."

Zweyte Parthey. „Meine Seele ist
Kraft; Kraft, die bewegt, empfindet, ver=
steht, denkt, will, wirket: thätige Selbstkraft,
sie dauert." —

So lange sie wirkt, gewiß! (antwortet die
Vernunft;) wer sagt dir aber, daß sie immer
wirke? Nur in Wirkungen erkennet der Verstand
die Kraft; ihren Anfang so wenig, als ihr Ende
verstehet er; Beydes ist ihm nur Anfang
und Ende seiner Bemerkung. Da nun mein
Maas über jede Dauer lediglich eine Bestim=
mung im Unbestimmten ist: so begnüge ich mich
zu sagen: weder bey dem, was dem Beobachter

Ent=

Entstehen, noch was ihm Vergehen dünkt,
kann ein Widerspruch 1 = 0 seyn. Auch jenseit seiner Bemerkung: geht Dauer ins Unbestimmbare weiter. Wie sie aber in Absicht dieser Kraft fortgehe? welche Kräfte sich ihr ge-
sellen, sie zu erhalten, zu heben, zu vermeh-
ren? dies kann ich dir nicht sagen: denn mein
Blick erstreckt sich nicht über das innere Reich
der Kräfte. Ich habe zu ihnen, so fern sie dem
Verstande bemerkbar sind, nur ein vergleichen-
des Maas.

Dritte Parthey. „Meine Seele ist ein
„Subjekt, eine Substanz, beharrend,
„unzerstörbar.“

Ein Subjekt ist sie, (spricht die Vernunft,)
denn wir sprechen von ihr; was Substanz sey,
verstehe ich nicht, und vom Zerstören einer
Substanz weiß ich gar nichts. Halte dich also,
so lange du kannst; brauche jede deiner Kräfte,
wirke, lebe. Damit stärkst und hast du dein
Leben. Das Nichtseyn 0 giebt keinen Begriff.
Dies ist ein Rath, den dir der Richter giebt,
kein Urtheil.

Vierte Parthey. „Ein Urtheil fordere
ich: denn meine Seele ist immateriell, in-
destruktibel.“

Zu diesem mag der Richter geradehin sagen: schweige und halt dich an das, was den

anbern

andern gesagt ist; du bringst nichts Neues vor.
Aus grobem Baugeräth (Materie) ist deine
denkende Natur nicht zusammen gezimmert;
wenn du diese, einen todten Kloß, mir vor den
Richtstuhl führen willst, mit der Frage: „ob
auch der todte Kloß, als solcher, zu denken
vermöge?" so ist deine Frage keiner Antwort
werth. Ob aber deine denkende Natur keiner
Organe zu ihrem Denken bedürfe? kannst du
nach dem, was du aus der Erfahrung weißt,
mit dem verhaßten Namen Materie nicht
wegsprechen. Nichts, was wir in der Schö=
pfung kennen, ist unorganisch; in Jedem
äußern sich Kräfte nach seiner Art, so wie wir
gegenseits keine Kraft kennen, die anders als
durch Mittel, durch grobe oder feinere Werk=
zeuge wirket. Daß deine Seele zu ihren inner=
sten Verrichtungen der Organe bedürfe, weißt
du; was sie ohne Organe thun könne oder sey?
weißt du nicht. Ich auch nicht.

Fünfte Parthey. „Meine Seele ist
Eins. Unum, vnicum, 'Ε, —

Die Einheit deines Gedankens beziehet
sich nur auf das Zusammengesetzte, das dir
von auffen vorkommt, (spricht die Vernunft),
da dein Denken und Wollen ein innerer Zu=
stand, ein Bewußtseyn ist, das du, unge=
theilt und untheilbar, gleichsam auf seiner Spitze

wahr=

wahrnimmst. Eine Zertheilung wie mit der
Holzaxt oder der Marmorsäge fället dabey weg;
bemerke aber, daß in jedem deiner Gedan=
ken nach seiner Art immer noch ein Eins in
Vielem sey; bemerke, daß selbst meine Schlüsse
nur aus einem Zusammennehmen des Vielen
und seiner Bestimmung zur Einheit werden,
daß dein Verstand nur anerkenne, d. i. in und
aus Vielem, ein Eins, sein Merkmal finde.
Trotze also nicht auf die Einheit oder Uni=
cität deiner denkenden Natur deßhalb, weil
ihre Wirkung so fein ist. Dir sey sie das in=
nigste Eins, das viel Mannichfaltiges in reiner
Klarheit mächtig vereine. An die reine höchste
Ursache alles Daseyns halte dich fest, in dessen
Reich geht nichts verlohren.

So spräche die Vernunft und zeigte hiemit,
daß sie ihrer Natur nach Betrug durch falsche
Rechnung nicht liebe, noch weniger, daß ein
unaufhörlicher Grund der Falschheit in ihr liege.
Sie antwortet nicht mehr, als worüber sie ge=
fragt wird; andern Gründen würde sie anders
antworten. Ihrer Natur nach ist sie nur Ver=
nehmerinn zu richtiger Rechnung.

Zugleich ergiebt sich, woher ihr Paralogis=
men, d. i. Verrechnungen kommen mögen?
Das sagt der Name Paralogismus. Sie ver=
rechnet sich, entweder weil unklare Data ihr
vor=

vorliegen, oder aus Uebereilung und übler Ge=
wohnheit, oder endlich weil ein geheimes In=
teresse sie leitet.*) Von Kindheit auf empfan=
gen und erweitern wir unsre Gedanken mittelst
der Sprache. In diese sind so viel von andern
erworbene, oft einseitig gedachte Begriffe
unvollkommen geprägt, noch öfter werden
sie mißverstanden, unzeitig hervorgerufen, falsch
angewendet. Trägt der Verstand nun in zu=
sammengerafften Worten seine Sache vor; ist
die Vernunft nicht besonders auf ihrer Hut,
jedes Wort abzuhören und den in ihm liegen=
den Begriff wie ein rechnender Algebraist genau
zu bezeichnen; freylich so urtheilet sie falsch,
nicht aus Falschheit ihrer innern Regel, sondern
weil aus dem, woraus und worüber sie erken=
nen sollte, nicht zu erkennen ist, indem es ihr
täuschend oder irrig gegeben, und sie nicht auf
ihrer Hut war.**) Beyspiele davon waren in
der vorgelegten Probe die Worte: Seele,
Geist,

---

*) Der Name **Dialektik** sagt ebendasselbe. Dia=
lektisch denken heißt hin und her sprechen,
endlich gar, aber nur durch Mißbrauch, rabulisiren.

**) Bakons Warnungen gegen die Marktgötzen
(idola fori), d. i. die falschen oder unbestimmten
Worte der Philosophie s. de augm. scient. L. 5. c. 4.
und sonst häufig.

Geist, Person, Substanz, Materie.
Solcher Worte, voll unbestimmter, zum Theil
roher Begriffe ist jede, am meisten die von den
Scholastikern empfangene metaphysische Sprache
voll. Durch hinabgeerbte Sophistereyen hangen
an einer Menge so genannt=philosophischer Wör=
ter die unklärsten Vorstellungen; der Lehrling
der Schule lernt solche, gewöhnet sich an sie und
rechnet mit ihnen weiter. Meistens erfand jeder
neue Sektenstifter eine Menge dergleichen dunkler
Worte; wie viele z. B. hat die kritische Philosophie
erfunden! In leeren Köpfen, die einmal solche
Wortschälle gefaßt haben, reverberiren diese ge=
waltig. Nicht also die reine, d. i. die wahre
Vernunft, brütet Paralogismen aus; sondern
die=höchst unreine, dialektische Zank= und Ka=
thedervernunft, die auf jedes Wort ein Gegen=
wort, auf Vernunft sogar eine Gegenvernunft
hat. Nicht Richter ist diese, sondern Rabulistin.

Wollen wir die wahre Vernunft vorm dia=
lektischen Transscendentalschein bewahren, so
müssen wir vor allem die Sprache, die vor sie
gebracht wird, mit dem schärfsten Obeliskus
läutern. Nichtige Abstraktionen, verworrene
Begriffe gehören nicht vor den Richtstuhl der
Vernunft: vor ihr rede man verständlich. Die
kritische Philosophie, die sich ihre Wortformen da=
durch zu sichern geglaubt hat, daß sie der ver=

ständ=

ſtändlichen Philoſophie unter dem Scheltwort
„Popularphiloſophie" Unfreundlichkeiten ſagte,
ſprach dies ihrem eigenen Zweck zuwider. Denn
war dieſer, alle jenſeit der Erfahrung gebildete
Gaukeleyen wegzuthun; ſo muß ſie Begriffe des
Verſtandes in ihrem verſtändlichſten Ausdruck
ſchätzen und ehren. *)

---

*) Da die Philoſophen unſres Deutſchlandes Jahrhun-
derte länger, als die Lehrer anderer Völker lateiniſch
ſchrieben: ſo erhielten ſich die am Latein haftenden
Scheinbegriffe und Spekulationen in unſern Schulen,
und giengen, weil ſie ſich nicht überſetzen ließen, in
ein lateiniſch Deutſch über. Leibnitz, Thoma-
ſius, Wolf, Käſtner, Reimarus, Leſſing,
Lichtenberg u. a. glaubten nicht, daß die wiſſen-
ſchaftliche eine Hexenſprache ſeyn müſſe, die wir
als Papageyen lernen. In der Sprache des Lebens
nennen wir falſch aufgenommene Begriffe und halb-
wahre Meynungen Vorurtheile; ſinnlosgelernte
Worte ſind ſolche; wir nehmen ſie auf, gewöhnen uns
an ſie, und rechnen mit ihnen unbedacht weiter. Das
Werk des Verſtandes und der Vernunft iſt, dieſe Spa-
niſchen Schlöſſer zu zerſtören.

---

10. Von

10.

Von

Antinomieen der Vernunft.

„Der transscendentalen Dialektik
zweytes Buch.

Zweytes Hauptstück.

.Die Antinomie der reinen Vernunft." *)

Im Gebiete der Vernunft erwartet man diese
Aufschrift nicht. Sie, die ihrem Wesen nach
Gesetze handhabt, und selbst ein Gesetz (νομος)
ist, soll in ihrer Natur ein konstituirtes Gegen=
gesetz, ein gleichgegründetes Tribunal ihr wider=
sprechender Regeln, Antinomie haben? Im
Recht giebts Antinomieen, weil verschiedene
Gesetzgeber, oder Einer zu verschiedener Zeit
Gesetze gaben; in unsrer Vernunft aber, wo
keine Institutionen und Novellen, kein Codex
repetita electionis Statt hat, in ihr eine „The=
tik und Antithetik der reinen Ver=
nunft," d. i. zwey sich selbst widerspre=
chende reine Vernünfte annehmen, heißt
die Vernehmerin zur Zwietracht (Eris) ma=
chen,

---

*) S. 432.

chen, und das Amt der Vernunft in eine Streitkunst (Eristik) verwandeln.

„Ganz anders fällt es aus, wenn wir die Vernunft auf die objektive Synthesis der Erscheinungen anwenden. Hier zeigt sich nämlich ein neues Phänomen der menschlichen Vernunft, nämlich: eine ganz natürliche Antithetik, auf die keiner zu grübeln und künstlich Schlingen zu legen braucht, sondern in welche die Vernunft von selbst und zwar unvermeidlich geräth und dadurch zwar vor dem Schlummer einer eingebildeten Ueberzeugung, den ein blos einseitiger Schein hervorbringt, verwahrt, aber zugleich in Versuchung gebracht wird, sich entweder einer skeptischen Hoffnungslosigkeit zu überlassen oder einen dogmatischen Trotz anzunehmen und den Kopf steif auf gewisse Behauptungen zu setzen, ohne den Gründen des Gegentheils Gehör und Gerechtigkeit wiederfahren zu lassen. Beydes ist der Tod der gesunden Philosophie.")* — Und doch stürzt uns in Eins von Beyden die **natürlich = antinomische Beschaffenheit unsrer Vernunft**, sobald wir sie auf die **objektive Synthesis der Erscheinungen**, d. i. auf alles in der Welt anwenden. Alle unsre Begriffe von Gegenständen sind „Thetik und Antithetik, d. i antinomische Vernünfteley," der wir nur auf Eine Weise entgehen können, nämlich durch den **transcendentalen Idealism:** „daß alles, was im Raum

oder

---

*) S. 433.

oder in der Zeit angeschauet wird, mithin alle Ge
genstände einer uns möglichen Erfahrung
nichts als Erscheinungen sind, die, so wie sie
vorgestellt werden, als ausgedehnte Wesen oder Reihen von
Veränderungen, außer unsern Gedanken keine an
sich gegründete Existenz haben. Dies ist der
einzige Schlüssel zu Auflösung der kosmologischen Dialektik, und dieser Satz ist in der transscendentalen Aesthetik hinreichend bewiesen." *) — mit welchem auflösenden Schlüssel sich dann alle Spuk-
ferenen um uns zu Spuckerenen in uns verwandeln.

Was ist nun durch diesen „Schlüssel aufge-
löset?" Diesen sogenannten „Lehrbegriff" zu-
gegeben, wie kommts, daß Erscheinungen so
antinomischer Art in uns spucken? Unsrer zu
einer immerwährenden Thetik und Antithetik
„natürlich" eingerichteten Vernunft wegen?
Da liegt, wie er lag, der unaufgelösete Knote.

Und an kein Buch seines mühsamen Werks
scheint der Verf. mehrere Mühe gewandt zu haben, als an dies ernste Spielwerk. Nachdem er
ein sogenanntes „System der kosmologischen
Ideen" nach seinen Kategorien in einer Tafel
gegeben, wo alles „auf vier" hinausläuft, **)
giebt er seine „Antithetik der reinen Ver-

D 2   nunft

---

*) S. 518.   **) S. 442.

nunft" auf Blatt und Gegenblatt mit Beweisen und Gegenbeweſen ſeiner „vier Theſen und
Antitheſen" auf fünf und dreyßig Seiten, *)
zeigt ſodann das „Intereſſe der Vernunft bey
dieſem ihrem eignen Widerſtreit" auf ſieben Blät-
tern **) und eben ſo ernſtlich, „wiefern transſcendentale Aufgaben der reinen Vernunft
ſchlechterdings müſſen aufgelöſet werden können," ***) führt eine „ſkeptiſche Vorſtellung
der kosmologiſchen Fragen durch alle vier
transſcendentale Ideen" durch, †) und reicht
uns mit magiſcher Hand „den Schlüſſel zur
Auflöſung, den transſcendentalen Idealism;" ††) worauf die „kritiſche Entſcheidung
des kosmologiſchen Streits der Vernunft mit
ſich ſelbſt" alſo folget: „Es bleibt kein Mittel
übrig, den Streit gründlich und zur Zufriedenheit beyder
Theile zu endigen, als das, da ſie einander doch ſo ſchön
widerlegen können, ſie endlich überführt werden, daß ſie um
Nichts ſtreiten und ein gewiſſer transſcenden-
taler Schein ihnen da eine Wirklichkeit vorge-
mahlt habe, wo keine anzutreffen iſt."†††) Der
irreführende transſcendentale Schein führt alſo
heydg Ritter in die ſichre Burg des transſcendentalen Idealismus, „daß alle Gegenſtände nichts
als

---

*) S. 448. u. f.   **) S. 490. f.   ***) S. 504.
†) S. 513.   ††) S. 525.   †††) S. 529.

als Erscheinungen seyn, ohne Existenz ausser unserm Gedanken," wo sie sich damit trösten dürfen,
„daß, indem sie um Nichts streiten, sie ihrer Natur nach
streiten mußten, unaufhörlich auch streiten müssen, weil
diese Fehde durchaus zwar kein konstitutives Princip,
(wobey etwas ausgemacht werde) wohl aber ein regulati-
ves Princip der reinen Vernunft sey, ihre Kräfte
in Uebung zu erhalten." Zwey Ritter oder zwey
Windmühlen der reinen Vernunft stehn also im
ewigen Kampf gegen einander, und eben dieser
Kampf schafft der Vernunft ein regu-
latives Princip, dessen sie, obwohl in ihrer eignen Natur entsprossen, gleichwohl in ihrer eignen Natur als einen Kanon
entbehret.

Lasset uns nicht zwey Gegenvernünfte,
auch nicht zwey Wissenschaften, zwischen welche
man sonst diesen Streit theilt, (die Mathematik und Metaphysik, als ob sie Gegenzünfte
wären,) sondern zwey unsrer Seelenkräfte, die
immer zusammen, oft gegen einander wirken,
vor den Richtstuhl der Vernunft stellen, Einbildungskraft und Verstand. Sie mögen
die Theses und Antitheses der Kritik vor-
tragen, daß sie die Vernunft vernehme.

D 3

2.

I.

„Erſter Widerſtreit der transſcendentalen
Ideen über die Endlichkeit oder Unendlichkeit der Welt."

Einbildungskraft ſpricht: „Die Welt
hat keine Grenzen im Raume; ſie iſt in Anſehung des
Raums unendlich." *)

Du haſt Recht, ſpricht die Vernunft,
wie du dir Welt und Raum denkeſt, d. i.
phantaſireſt. Welt iſt dir ein Bilderhaus von
unermeßlichem Umfange; Umfang läßt ſich im=
mer erhöhen, immer erweitern. Du darfſt nie
ſtill ſtehen und ſagen: „hier endet mir die
Welt. Hier ſtrecke ich meine Hand ins Leere."
Denn auch dies Leere iſt eine mögliche Welt,
wo etwas ſeyn kann. Raum iſt dir ein Bild,
das du von Dingen um dich her, vielleicht aus
der Anſchauung deines Firmaments genommen
haſt, und als eine immer zu vergrößernde Weite
mit dir umherträgeſt. Wie deine Dichter ihn
dir furchtbar = prächtig gemacht haben, ſo müſ=
ſen deine eigne Schwingen zuletzt ermüden,
wenn du ihren großen Maaſſen im Unendlichen
nachfliegeſt. **). Verfolge dieſen Flug; den Ver=
ſtand.

_____

*) S. 454.

**) S. Hallers Gedicht von der Ewigkeit, Stellen in
Milton, Young u. ſ.

ſtand aber ſtöre mit deinen Bildern nicht. Er
faſſet die Welt anders.

„Mir iſt die Welt, ſpricht der Verſtand, in Grenzen
geſchloſſen.‟

Verſtehe dich ſelbſt, antwortet die Vernunft;
auch dir iſt die Welt ein Unüberſehbares, aber
voll daſeyender Dinge, voll wirkender Kräfte.
An jedes dieſer Dinge legeſt du dein Maaß,
d. i. im Unermeſſenen beſtimmeſt du es nach
deinem und ſeinem Ort, nach dem Umfang
deiner und ſeiner Kräfte. Allenthalben ſchaffeſt
du dir ein Ganzes; ein All aber kenneſt du
nicht. Totalität des Weltalls bedeutet
dir Innbegriff, Umfaſſung mit deinen
Gedanken, Ordnung. (κοσμος) Im Kleinſten
wie im Größeſten erſcheint dir dieſe; an ihr
begnüge dich; mit dem Umgrenzen im Reich
der Phantaſie laß dich nicht ein. Kein Gedanke
umfaſſet den Raum; er braucht ihn nur als
Maas im Unermeſſenen. Daſeyende Dinge ge=
ben ihn, zugleich ſeyende Dinge ſchlieſſen ihn
ein; nie aber kann er dir auſſer allen Dingen
ihre Grenze werden. Dieſe Grenze beſtimmen
dir Kräfte, die du in Anſehung des Weltalls
als unermeſſen annehmen mußt, weil dir zu
Beſtimmung einer endlichen Grenze derſelben
aller Grund fehlet. Du darfſt alſo mit der
Phantaſie Eins ſeyn, ob jeder von Euch gleich

D 4   die

die Welt nach seiner Weise definiret, d. i. im Unbegrenzten begrenzet.

Phantasie fährt fort: „die Welt hat keinen Anfang; auch in Ansehung der Zeit ist sie unendlich."

Die Vernunft antwortet: dir kann sie nicht anders als also erscheinen. Zeiten nach Zeiten verfolgst du und findest vor- und rückwärts kein Ende.

Der Verstand spricht: „die Welt hat einen Anfang in der Zeit."

„Einen Anfang in der Zeit? spricht die Vernunft. Verstehe dich selbst. Wo Etwas dauret, da legst du dein Maaß, die Zeit, an; wo etwas dir zuerst vorkommt, da sagst du: „es beginnt! Dieser Moment war sein Anfang." So lange also etwas war, war dir Zeit; und wo etwas beginnt, ist dir Anfang. Im Innbegriff deiner Gedanken vom Daseyn der Dinge, vom Maaß ihrer Dauer und vom Beginn jedes Emporkommenden im Weltall hast du jeden Augenblick Anfang und Ende, scheinbares Aufkommen und Untergehen, immer aber fortwährende Zeit. Diese an sich hat allenthalben und nirgend Anfang und Ende; sie ist, wie der Raum, im Unermeßnen nur ein bestimmendes Maaß. Wo die Phantasie „unermeßlich!" ausruft, da sage du: „unermessen;" Beyde behauptet ihr Eins, sobald ihr euch verstehet.

2.

2.

„Zweyter Widerstreit der transscendentalen Ideen. Ueber das Einfache und die Zusammensetzung der Dinge."

Phantasie spricht: „Kein zusammengesetztes Ding
in der Welt besteht aus einfachen Theilen; es existirt
überall nichts Einfaches in derselben."

Du sprichst nach deiner Art, antwortet die
Vernunft, d. i. eingebildet. Vom Bestehen der
Dinge weißt du nichts; phantasirend kannst du
sie zusammensetzen und auflösen. Das thu und
theile unaufhörlich; nur sprich dann nicht von
D i n g e n, vom B e s t e h e n der Dinge, von
E x i s t e n z in oder aus einfachen Theilen; sondern nimm was du ohne Mühe und Aufhalt
immer theilen kannst, ein Leeres, z. B. Raum,
Zeit. Es soll ein erprobtes Mittel zum Ein=
schlafen seyn, wenn man nach dem Recept der
hypothetischen Synthesis einer endlosen Glieder=
reihe immer und immer theilet und theilet,
häufet und häufet.

„Ich wache, ruft der V e r s t a n d. Eine jede
zusammengesetzte Substanz in der Welt b e s t e h t aus einfachen Theilen, und es existirt überall nichts als das Einfache, oder das, was aus diesem zusammengesetzt ist."

Verstehe dich selbst, antwortet die Vernunft;
wer hat dir solche Verwirrungen in den Mund
geleget? Substanzen setzt man nicht aus Thei=

len

len zu sammen, wie man ein Machwerk zu-
sammensetzt. Dir ist Substanz, was sich selbst
hält und trägt aus innerer Kraft: dazu bedarfs
weder Zusammensetzung noch Theile. Mit ihnen zerstörst du die Substanz: denn was sich
aus Theilen zusammen setzen läßt, läßt sich
auch Theilweise wegnehmen. Du wolltest sagen:
„ was bestehet, bestehet durch Kraft, so vielfach
auch seine Kräfte seyn mögen! “ Dagegen hat
die Einbildungskraft nichts zu sagen, so vielfach sie diese Kräfte theile; Substanz, sofern
sie es ist, erhält ihre Kräfte. Auch im Widerstreit erhält sie solche: denn als Substanz ist
sie ein Band der Kräfte.

3.

„Dritter Widerstreit der transscendentalen Ideen. Ueber Causalität und Freyheit. “

„Es ist keine Freyheit! ruft die Phantasterey aus, sondern alles in der Welt geschieht lediglich nach Gesetzen der
Natur! —

Was soll dein Satz und Gegensatz, antwortet die Vernunft, da beyde einander nicht entgegengesetzt sind. In der Natur ist alles frey;
nur durch diese Freyheit können Kräfte der Natur wirken. Wirkt jede Kraft in ihrer Natur, so wirkt sie frey, und wenn sie durch an-

dre

dre eben so freywirkende Kräfte eingeschränkt,
d. i. in Wirkungen begrenzt wird, so entsprin=
gen daraus höhere Gleichungen, die man Ge=
setze der Natur nennt. Diese Gesetze heben
jene freywirkenden Kräfte so wenig auf, daß
sie vielmehr solche voraussetzen und ohne sie
nicht seyn würden. Dein Ausruf: „es ist kei=
ne Freyheit!‟ hebt also die Gesetze der Natur
selbst auf; und wie willst du einen läugnenden
Wahn, eine Negative begründen?

„So ist auf meiner Seite die Wahrheit,
spricht der Verstand: Die Causalität nach Gesetzen
der Natur ist nicht die Einzige, aus welcher die Erschei=
nungen der Welt insgesamt abgeleitet werden können. Es
ist noch eine Causalität durch Freyheit zu Erklärung der=
selben anzunehmen nothwendig. ‟ —

Verstehe dich selbst, antwortet die Vernunft;
du redest Schlaftrunken. Freywirkende Kräfte
der Natur unter einer Regel gedacht, geben
Gesetze; aus solchen werden nicht „Erscheinungen
abgeleitet,‟ sondern Wirkungen erkläret. „Außer
den Gesetzen der Natur noch eine Causalität und zwar zu
Erklärung derselben, (der Gesetze der Natur) annehmen zu
müssen, weil es nothwendig ist,‟ ist ein Postulat,
wobey man nichts denket. Freyheit, selbst die
wildeste Freyheit ist Kraft der Natur; wenn sie
Gesetzen widerstrebt, rächen sich diese, und die
höchste Kraft, die wir in unsrer Natur kennen,

die

die Selbstbestimmung, ist nur dann frey,
wenn sie den höchsten Gesetzen der Natur, Kraft
ihrer selbst, als Selbstbestimmung, gehor=
chet. Frey gehorchet sie und gebietet dadurch
der Schöpfung. Die Gesetze der Natur, so=
fern solche sie betreffen, bestimmet sie im Ge=
brauch ihrer selbst als der edelsten Freyheit mit;
es werden Gesetze aus ihrer Bestimmung, nicht
der Natur zuwider, sondern Gesetze der edel=
sten Natur selbst. Selbstbestimmung nach Ge=
setzen der Natur, nicht ausserhalb solcher Ge=
setze, ist die höchste Freyheit, indem sie, jenen
Gesetzen gemäß, selbst Gesetze schafft und ord=
net. Verbanne die Verwirrung deiner Gedan=
ken, als ob es ausser der Causalität eine Cau=
salität, und in der Natur eine Aussernatur ge=
be, die im Grunde ein armer Stolz ist.

4.

„Vierter Widerstreit der transscendenta=
len Ideen. Ueber ein schlechthin nothwen=
diges Wesen in der Welt.“

Phantasterey spricht: „es existirt überall
kein schlechthinnothwendiges Wesen, weder in der Welt
noch ausser der Welt, als ihre Ursache. Ich wills be=
weisen.“ — Was willst du beweisen? spricht
die Vernunft, eine Negation? Kennest du
das Ueberall? Und welchen Begriff hast du
von

von einem schlechthinnothwendigen Wesen, da
du es gleichgültig in oder ausser der Welt
setzest, und das Höchstnothwendige, den Grund
aller Gewißheit wegläugnest. —

Wollte der Verstand den Streit also auf=
nehmen: „Zu der Welt gehört etwas, das entweder
als ihr Theil oder als ihre Ursache ein schlechthinnoth=
wendiges Wesen ist:“ so hieße die Vernunft ihn
ebenfalls schweigen. Ein schlechthinnothwendi=
ges Wesen „als Theil der Welt“ giebt keinen Be=
griff; wer ein solches „entweder=oder“ ausspricht,
hat sich selbst nicht verstanden.

Widrig ists, ein Spiel von Wortfehden
als „das höchste Produkt der reinen Vernunft“ mit
Beweisen und Gegenbeweisen aufgestellt zu se=
hen, in welchen beynahe nichts erweiset. An=
tinomieen sollten diese blinden Kämpfe in
keinem Sinn genannt werden, als weil sie selbst
gegen das Gesetz der Vernunft sind: Antilo=
gieen, αντι ιομε και αντι λογε, ist ihr dialekti=
scher Name.

Und warum sind ihrer vier? Die Tafel,
durch welche die Kritik sie auf die Kategorien
zu beziehen sucht, indem sie „nur vier kosm=
logische Ideen erkennet.

1.

„Die absolute Vollständigkeit der Zusammensetzung des gegebnen Ganzen aller Erscheinungen.

2.

Die absolute Voll-
ständigkeit der Thei-
lung eines gegebnen
Ganzen in der Er-
scheinung.

3.

Die absolute Voll-
ständigkeit der Ent-
stehung einer Erschei-
nung überhaupt.

4.

Die absolute Vollständigkeit der Abhängigkeit des Daseyns des Veränderlichen in
der Erscheinung"

ist in solcher Zusammenordnung ungeordnet:
denn offenbar gehörten in ihr das erste und
zweyte Feld gegen einander, das dritte Feld
vor beyde, und das vierte allen voran. Da
aber alle Felder an den Begriff „der absoluten Vollständigkeit" geheftet sind, so sind
sie an einen unsrer Vernunft angedichteten Zweck,
mithin an Nichts geheftet.

II. Vom

II.

Vom

Ideal der Vernunft.

„Des zweyten Buchs
der
transscendentalen Dialektik
drittes Hauptstück.
Das Ideal der reinen Vernunft." *)

„**Ideen** sind noch weiter von der objektiven Realität entfernt als Kategorien: denn es kann keine Erscheinung gefunden werden, an der sie sich in concreto vorstellen lassen. Sie enthalten eine gewisse **Vollständigkeit**, zu welcher keine mögliche empirische Erkenntniß zulangt; und die Vernunft hat dabey nur eine systematische Einheit im Sinn, welcher sie die empirische mögliche Einheit zu nähern sucht, ohne sie jemals völlig zu erreichen."

„Aber noch weiter als die **Idee** scheint dasjenige von der objektiven Realität entfernt zu seyn, was ich das **Ideal** nenne und worunter ich die Idee nicht bloß in concreto, sondern in individuo, d. i. als ein einzelnes, durch die Idee allein bestimmbares oder gar bestimmtes Ding verstehe." **)

„Ohne

_____

*) S. 595.   **) Ebendas.

„Ohne uns zur Platonischen Idee zu versteigen, müssen wir gestehen, daß die menschliche Vernunft nicht allein Ideen sondern auch Ideale enthalte, die zwar nicht, wie die Platonischen, schöpferische, aber doch praktische Kraft, als regulative Principien haben, z. B. der Weise des Stoikers u. f. Das Ideal aber in einem Beyspiel, d. i. in der Erscheinung realiſiren wollen, wie etwa den Weiſen im Roman, iſt unthunlich, hat überdem etwas Widerſinniſches und wenig Erbauliches an ſich, indem die natürlichen Schranken, welche der Vollſtändigkeit in der Idee kontinuirlich Abbruch thun, alle Illuſion in ſolchem Verſtande unmöglich und dadurch das Gute, das in der Idee liegt, ſelbſt verdächtig und einer bloßen Erdichtung ähnlich machen.‟ *)

„Die Geſchöpfe der Einbildungskraft, darüber ſich niemand erklären und einen verſtändlichen Begriff geben kann, die Ideale der Sinnlichkeit‟ **) laſſen wir an ihren Ort geſtellet ſeyn, da das

trans-

---

*) S. 598. Der Verf. einer Schrift: „die Religion, innerhalb der Grenzen der bloßen Vernunft vorgeſtellt,‟ ſcheint dies „Widerſinniſche und wenig Erbauliche, das alle Illuſion unmöglich, ja das Gute, das in der Idee liegt, verdächtig macht,‟ nicht zugeſtanden zu haben, da er nicht nur die Idee des guten Princips in individuo darſtellte, ſondern auch eine allbekannte Geſchichte dabey einer bloßen Erdichtung ähnlich machte.

**) S. 598.

transſcendentale Ideal (prototypon transſcendentale,) vor uns ſtehet. *)

„Dies Ideal iſt die Idee von einem All der Realität, (omnitudo realitatis) durch deren Allbeſitz der
Begriff eines Dinges an ſich ſelbſt, als durchgängig beſtimmt vorgeſtellt, mithin eines entis reali-
liſſimi geſetzt wird. Es iſt dies das einzige eigentliche
Ideal, deſſen die menſchliche Natur fähig iſt, weil nur in
dieſem einzigen Falle ein an ſich allgemeiner Begriff von
einem Dinge durch ſich ſelbſt durchgängig beſtimmt,
und als die Vorſtellung von einem Individuum erkannt
wird. Es verſteht ſich aber von ſelbſt, daß die Vernunft
zu ihrer Abſicht, nämlich ſich lediglich die nothwendige durchgängige Beſtimmung der Dinge
vorzuſtellen, nicht die Exiſtenz eines ſolchen Weſens,
das dem Ideale gemäß iſt, ſondern nur die Idee deſſel-
ben vorausſetzt, um von einer unbedingten Totalität der durchgängigen Beſtimmung die bedingte, d. i. die des Eingeſchränkten abzuleiten. Das
Ideal iſt ihr alſo das Urbild aller Dinge, welche insge-
ſammt als mangelhafte Copeyen (ectypa) den Stoff zu
ihrer Möglichkeit daher nehmen, und indem ſie

E 2   dem-

---

*) Grammatikaliſch müßte dies freylich heiſſen prototypus
transſcendentalis; wie Kaiſer Sigismund aber
ſchismam ſagte und das Concilium ihm ſchismam nach-
ſagte, ſo behalte auch dies Ideal der reinen
Vernunft den Namen Prototypon transſcendentale.

demſelben (Stoff oder Urbilde?) mehr oder weniger nahe
kommen, dennoch jederzeit unendlich weit daran fehlen,
es zu erreichen. Dieſer blos in der Vernunft
befindliche Gegenſtand ihres (der Vernunft) Ideals
wird auch das Urweſen, (ens originarium) ſofern es
kins über ſich hat, das höchſte Weſen, (ens ſum-
mum) und ſofern alles als bedingt unter ihm ſteht, das
Weſen aller Weſen (ens entium) genannt. Alles
dies aber bedeutet nicht das objektive Verhältniß eines
wirklichen Gegenſtandes zu andern Dingen, ſondern der
Idee zu Begriffen, und läßt uns von der Exiſtenz
eines Weſens von ſo ausnehmendem Vorzuge
in völliger Ungewißheit." *)

„Wenn wir nun dieſer unſerer Idee, indem wir
ſie hypoſtaſiren, ſo ferner nachgehn, ſo werden wir
das Urweſen durch den bloßen Begriff der höchſten Realität
als ein einziges, einfaches, allgnuaſames, ewiges u. f.,
mit Einem Wort es in ſeiner unbedingten Vollſtändigkeit
durch alle Prädikamente beſtimmen, mithin zu Gott im
tranſſcendentalen Verſtande machen können; indeſſen
würde dieſer Gebrauch der transſcendentalen Idee doch ſchon
die Grenzen ihrer (der Idee) Beſtimmung und Zuläßigkeit
überſchreiten. Denn die Vernunft legte ſie nur als den
Begriff von aller Realität, der durchgängigen Beſtimmung
der Dinge überhaupt, zum Grunde, ohne zu verlangen, daß
alle dieſe Realität objektiv gegeben ſey, und ſelbſt
ein Ding ausmache. Dies letztere iſt eine bloße Erdichtung, durch welche wir das Mannichfaltige unſrer

Idee

---

*) S. 604 u. f.

Idee in einem Ideal als einem besondern Wesen zusam-
menfassen und realisiren, wozu wir keine Befugniß
haben, sogar nicht einmal die Möglichkeit
einer solchen Hypothese geradezu anzunehmen; wie denn auch alle Folgerungen, die aus
einem solchen Ideal abfliessen, die durchgängige Bestimmung der Dinge überhaupt, als zu deren Behuf die Idee
allein nöthig war, nichts angehen und darauf
nicht den mindesten Einfluß haben. Durch eine natürliche
Illusion, durch einen dialektischen Schein wird das Ideal
des allerreelsten Wesens, ob es zwar eine bloße Vorstellung
ist, zuerst realisirt, d. i. zum Objekt gemacht, darauf
hypostasirt, endlich durch einen natürlichen Fort-
schritt der Vernunft zur Vollendung der Einheit sogar personificirt, zur Intelligenz gemacht u. s." *)

Könnte es dem Innhaltlosesten Begriff ärm-
licher ergehen als diesem „allerreelsten Wesen,“
das durch eine Illusion der Vernunft, die ihr
„zwar natürlich, zu der sie aber nicht berechtigt ist,“ durch eine unbefugte Erdichtung, die
ihr „zwar nöthig ist, aber zu ihrem Zweck
nichts hilft,“ erst realisirt, dann hypostasirt
werden mußte? Aus dem Gebiet der Vernunft
als eine Erdichtung vertrieben, wird die
Erdichtung nachher für die praktische Vernunft
als Postulat postuliret, als ob ausser der

E 3 Ver-

---

*) S. 599. — 611. u. f.

Vernunft, die diese Erdichtung proscribirte, es
noch eine zweyte Vernunft gäbe, die das ver=
bannte Figment aus dem Reich der Erdichtun=
gen gebietend wiederfordern könnte!

Wie wir auf unserm bisher zurückgelegten
Wege uns aller transscendenten Wortnebel ent=
hielten, vielmehr die Schemata dazu in den
„Dingen an sich, außer und neben wirklichen
Dingen“ in ihrer leeren Form als Larven zu zei=
gen, insonderheit aber den der Vernunft „angeb=
lich = natürlichen Schimmer, durch welchen sie stets
über die Grenze der Erkenntniß verlockt werden muß,“
aufzulösen suchten; so wollen wir auch hier kein
Wortgebilde schonen. Hätte die Vernunft, ih=
rer wesentlichen Funktion uneingedenk, ihre
eigenste reinste Idee widernatürlich gebildet: so
wollen wir sie eine ihr selbst untreu gewordene
Vernunft nennen, der ihr Name „Vernehme=
rinn“ in diesem Geschäft nicht gebührte. Ver=
suchte sie z. B. einen Beweis des höchsten Da=
seyns aus den Begriffen „absolute Allheit, Möglich=
keit, Totalität der Begriffe u. f.;“ spräche sie vom
Ende der Dinge, (terminus rerum) da wir,
was ihre Grenze sey, weder einsehen können,
noch zu erforschen Beruf haben; erschüffe sie
sich einen Prototyp, gegen den „alles was da
ist, eine mangelhafte Kopie ist;“ oder summirte sie

sich

ſich gar „ein Summum" der Vollſtändigkeit und
des Anſehens wegen, damit neben uns doch
auch ein Weſen „von ſo ausnehmendem Vorzuge"
exſiſtire; ja wenn der edle Ausdruck οντων,
das weſenhafte Weſen, ſelbſt ſo mißver=
ſtanden würde, daß er „das Weſen aller Weſen"
mit dem Zuſatz, „ſofern alles bedingt unter ihm
ſteht," heiſſen ſollte: *) ſo entſagte die Ver=
nunft dieſem Wortgeklingel ganz.

Ihr kann ihre reinſte Idee keine andere,
als die ihr nächſte, innigſte, ihr allenthalben
gegebene Mittel=Idee ſeyn, mittelſt deren
ſie nicht nur alle ihre Begriffe zuſammenfaßt
und ordnet, ſondern durch welche ſie Vernunft
iſt, d. i. die ſie ſelbſt konſtituiret. Ihr,
der Rechnerinn, iſt der reinſte Exponent ih=
rer Rechnung; ihr, der Richterinn, der
reinſte Grund ihres Schluſſes; ihr, der
Meſſerinn, der feinſte Grad ihrer Be=
ſtimmung, kurz die Wahrheit des Worts Iſt
nothwendig

E 4   I.

***

*) S. 606.

1.
Im Seyn,
Daseyn, Dauer,
Kraft
Das daurende Urseyn.

2.
In Eigenschaften
Alles Verschiedenen
der bleibende
Grund der Art.

3.
In Kräften
Gegen=, mit=,
ein=wirkend
fortwirkend
die Urkraft.

4.
Im Maas des Unermessenen
das Bestimmende
das Urmaas.

Er ist, spricht sie, Grund und Maas der
Dinge, ihres Seyns und Daseyns, ihrer Dauer
und Kraft; Bestimmer ihrer Eigenschaften
zur bleibenden Art; Ursach der Kräfte, die
fortwirkend alles Erscheinende bilden; Er, der
große Exponent ihrer Verhältnisse, der Be=
stimmer alles Bestimmbaren, nicht nur die
höchste sondern auch die tiefste, einfachste, rein=
ste Idee. Aber existirt solche?

Dem

Dem Verstande, wie der Vernunft, muß die
Frage so auffallen, daß sie nicht anders als
wieder fragen kann: ist Etwas? bin Ich?
sind Wir? Ist nichts da; wohlan so ist
nichts und wir speculiren, nichts seyend, vergebens.   Sind wir aber, empfindet unser
Sinn, erkennet unser Verstand, giebts eine
Vernunft, die ihren Grund in sich selbst
hat und weiß, daß sie ihn habe; wohlan, so
ist auch eine höchste Vernunft, die den
Grund des Zusammenhanges aller Dinge in sich
hat und weiß, daß sie ihn habe. Nicht um
das Weltall zu kompletiren, sondern mit Vernunft zu begreifen; nicht als Tangent oder
Sektor suche ich den Begriff eines höchsten
Wesens; er ist mir in mir selbst und in Allem gegeben; der tiefste Ruheort, Mittelpunkt der Kugel, ohne welchen weder sie, noch
mein Begriff von ihr seyn kann. Entweder
sind wir alle Götter, jeder Atom und Sperling
ist ein selbstständiges Wesen, das durch
sich ward, durch sich ist und durch sich nicht
mehr ist, (sodann ist die Vernunft gestorben,)
oder es ist was da ist in seinem dauren-
den Zusammenhange, im Seyn, Daseyn,
Fortdaseyn, in Eigenschaften, durch
Kräfte, in Fortwirkung nach einem endlosen, allenthalben aber in sich beschlossenen

E 5   Maas,

Maas , in einer höchsten Vernunft gegründet.
Diese erkennet meine Vernunft an: weil sie
selbst Vernunft ist. Für sich erkennet sie an:
über sich selbst und über das ihr Gegebene kann
und will sie nicht hinaussteigen.

So die Vernunft, und der Einbildungskraft
wollen wir gebieten, daß sie diesem bleibenden
Grunde der Dinge weder Kopf noch Füße gebe;
personificirt nach Menschenweise darf und kann
die reinste Idee nicht werden. Verlange ich
nicht, daß; wenn ich Kraft und Ordnung in
der Welt sehe und sie nach meiner Weise sym=
bolisire, mein Nachbar sie mit mir gleich nen=
nen und symbolisiren müsse; wie wollte ich
ein Wesen, dessen Daseyn ich kaum auszuspre=
chen wage, mit meiner Einbildungskraft ge=
stalten? Noch minder werde ich ihm Theile
der Welt als Gliedmaßen oder Attribute zueig=
nen. Raum ist so wenig seine Eigenschaft, ‑
als menschliches Denken seine Funktion ist;
ihn Seele der Welt zu nennen, ist eben so
uneigentlich, als wenn ich ihn Ort oder Trä=
ger der Welt, den großen Elephanten, die
Basis der Welt nennte. Die reinste Idee ver=
schmäht Bildworte: Geist, d. i. Kraft ist er;
als geistige Wahrheit will er anerkannt seyn
oder seine Idee ist verdunkelt.

Nach

Nach diesem Begriff darf ich die Widerle=
gung „aller onto= und kosmologischen Beweise des Da=
seyns Gottes" nicht durchgehen. *) Vom noth=
wendigen Daseyn als dem Grunde „aller Mög=
lichkeit" verstehen wir nichts, ausser sofern
diese Möglichkeit das Wesen unsrer Vernunft
ausmacht und sich in Wirklichkeit offenbaret.
Auch die sogenannte „Widerlegung der physiko = theo=
logischen Beweise fürs Daseyn Gottes" kann schwerlich
für etwas anders, als für eine Kritik des
Misbrauchs derselben gelten; obwohl, wenn
Wahl statt fände, ich lieber eine zu ihrer letz=
ten Absicht auch mangelhafte Exposition großer
und schöner Naturgesetze geschrieben haben möch=
te, als die scharfsinnigste Kritik ihrer Fehler.**)

Das

---

*) S. 611. Unmöglichkeit eines ontologischen,
kosmologischen, physiko-theologischen Beweises vom
Daseyn Gottes u. s. f.

**) Nachdem dies längst geschrieben war, kommt mir
die kleine vortrefliche Schrift des D. Reimarus
über die Gründe der menschlichen Er=
känntniß und der natürlichen Religion
(Hamb. 1787.) zu Gesicht, die ich Jedem, der durch
die Kritik der reinen Vernunft die Tramontane,
d. i. den Polarstern verlohren, zu lesen anrathen
möchte. Den Schriften des Prof. Reimarus über

die

wird in der ganzen Welt offenbar; diese geistigen Verständnisse (νουμενα η φαινομενα) mache
man allenthalben anschaulich, und das menschliche Gemüth wird, auch ohne Nennung des
heiligen Namens, der nie unnütz genannt werden sollte, Gottheit erkennen, Gottheit
verehren.

Forderte nun irgend ein kritischer Philosoph,
daß die selbstständige Kraft, die uns nicht anders als eine Vernunft = Idee (νουμενον) seyn
kann, ihm ein Gegenstand der Sinne (φαινομενον)
werde, und ihm vor Augen wohlkorporirt erscheine, damit ihr „objektive Realität im Raum und
in der Zeit gebühre:‟ so müßte man sich des Worts
Kritik und Philosophie schämen. Mit solcher
Forderung hätte die Vernunft ihre Natur auf-
gegeben, und jede ihrer Ideen, mithin auch
ihre reinste Idee verlohren. Müssen nicht selbst

Ver=

---

die natürliche Religion, über die Triebe
der Thiere, wie auch dessen Vernunftlehre
schliesset sie sich bündig an; Schriften dieser Art werden von keiner kritischen Dialektik verdrängt werden.

Verſtandesbegriffe, wenn ſie an Phänomenen
erſcheinen, um Verſtandesbegriffe zu ſeyn,
von ihnen getrennt werden? oder ſie wer=
den Miſchbegriffe, Schematiömen, Imagi=
nationen. Warum vergißt die reine Mathe=
matik die Gegenſtände, deren Größen und Ver=
hältniſſe ſie in Aehnlichkeitloſen Zeichen aus=
drückt? Damit ſie reine Begriffe habe. Eine
Philoſophie, die keinen reellen Gegenſtand ken=
net, als der mittelſt Anſchauung im Raum und
in der Zeit ihr erſcheint, hat, da mittelſt ſol=
cher Formen nichts erſcheinen kann, ſich ſelbſt
alle Gegenſtände vernichtet.

Wenn alſo die Imagination nach einem kör=
perlichen Gott ruft und ſpricht: „ohne Bild
kann ich mir nichts denken;“ ſo hat ſie den
Begriff des Weſens, geſchweige des Urwe=
ſens verfehlet. Sobald du den Grund und
Quell alles Daſeyns in eine Geſtalt oder in
einen Winkel ſchlieſſeſt, (der Winkel ſey Him=
mel oder Erde) ſo iſt er ein Idol, nicht die
allgegenwärtige lebendige Idee, die er deiner
Seele ſeyn ſoll. Dieſe mußt du an dem,
was iſt und wird, erkennen, ſie in dir
ſelbſt erfaſſen; je öfter, je lebendiger, in je
mehrern Fällen ſie dir wiederkommt, deſto mehr
haſt du Gott, nicht auſſer dir, ſondern in dir.
Nimm ein Beyſpiel an jedem andern Verſtan=
                            desbegriff,

desbegriff, z. B. der Schönheit, Ehrbar=
keit, Tugend. Personificire sie dir in Ge=
mählden; es sind todte, in Attributen sich selbst
widersprechende Larven, ausgestopfte Allheiten,
kritische Ideale. An wirklichen Gegenständen
erkannt, als Realitäten erscheinend, werden sie
dir Realität, die dein Verstand und dein
Herz ergreift; sie wirken auf dich als Muster
deines Lebens. So die Idee von Gott,
dem Grunde aller Schönheit, Harmonie und
Ordnung; aller Ideen fruchtbarste, wirksamste,
schönste. Dem Gemüth, das ihrer fähig und
zu ihr gebildet ist, kann und muß sie in Al=
lem erscheinen. Πνευμα Θεος ες, και αληδεια, και
αγαπη.

12. Vom

12.

Vom

regulativen Gebrauch

der Vernunft.

Von dem regulativen Gebrauch der Ideen der reinen Vernunft. " *)

„Der Ausgang aller dialektischen Versuche der reinen Vernunft bestätigt nicht allein, daß alle unsere Schlüsse, die uns über das Feld möglicher Erfahrung hinausführen wollen, trüglich und grundlos seyn; sondern er lehrt uns zugleich dieses besondere, daß die menschliche Vernunft dabey einen natürlichen Hang habe, diese Grenzen zu überschreiten, daß transscendentale Ideen ihr eben so natürlich seyn, als dem Verstande die Kategorien, obgleich mit dem Unterschiede, daß so wie die letztern zur Wahrheit, d. i. der Uebereinstimmung unsrer Begriffe mit dem Objekt führen, die ersten einen bloßen aber unwiderstehlichen Schein bewirken, dessen Täuschung man kaum durch die schärffste Kritik abhalten kann." **) Unser Gang belehrte uns, daß nicht nur Schlüsse, sondern auch Anschauungen und Begriffe, ausser aller Erfahrung synthetisch a priori geformt,

entweder

---

*) S. 670.   **) Ebendas.

Zweyter Theil.   F

82

entweder der Erfahrung entwandt oder bloße
Dichtungen und Wortnebel seyn, die dem Verstande seine anerkennende Natur verdun-
keln oder rauben. Unser Gang lehrte uns, daß,
wenn man der Vernunft einen natürlichen Hang
zu Ueberschreitung ihrer Grenzen beymißt, man
ihr Amt verkenne, das Regelmaas der Gewißheit in uns zerbreche, und ihr Phantasie oder
eine dialektische Schrauben-Vernunft unterschie-
be. Wir sahen, daß, wie keine eingepflanzte
Kategorien den Verstand zur Wahrheit führen,
der Betrugesschein phantasirender Vernünfteley
eben durch jene Dialektik entstehe, die ihre
Kritik seyn will.

„Alles, was in der Natur unsrer Kräfte gegründet ist,
muß zweckmäßig und mit dem richtigen Gebrauch derselben
einstimmig seyn, wenn wir nur einen gewissen Mißverstand verhüten, und die eigentliche Richtung derselben
ausfindig machen können." *) Nicht ein gewisser, sondern jeder Mißverstand unsrer
Kräfte muß verhütet; auch darf ihre Richtung
nicht erst ausfindig gemacht oder ihr eine
angedichtet werden; sie muß sich wie jede Na-
turkraft offenbaren.

„Also werden die transscendentalen Ideen allem Ver-
muthen nach ihren guten und folglich immanenten
Gebrauch haben, obgleich, wenn ihre Bedeutung verkannt

und

*) S. 670.

und sie für Begriffe von wirklichen Dingen genommen werden, sie transscendent in der Anwendung und
eben darum trüglich seyn können." Wahre Ver-
nunft=Ideen, die aus richtiger Verknüpfung
des Allgemeinen und Besondern entspringen,
können nicht anders als einen guten Gebrauch
haben, der blos im ma nent nicht bleiben kann,
indem er Verstandsbegriffe bestimmt, und alles,
was von ihnen abhängt, regelt. Der Unterschied zwischen transscendent und transscendental ist, wie die meisten der „kritischen Philosophie"
ein spitzfindiges Wortspiel. *)

„Die Vernunft hat eigentlich n u r den Verstand und
dessen zweckmäßige A n s t e l l u n g zum Gegenstande, und
wie dieser das Mannichfaltige im Objekt durch Begriffe
vereinigt, so vereinigt Jene i h r e r s e i t s das Mannichfaltige der Begriffe durch Ideen, indem sie e i n e g e w i s s e
k o l l e k t i v e Einheit zum Ziele der Verstandeshandlungen
setzt, welche sonst nur mit der d i s t r i b u t i v e n Einheit
beschäftigt sind." **) Die Vernunft hat nicht n u r
den Verstand, noch weniger dessen A n s t e l l u n g

F 2 allein

---

*) Die Engländer nennen es cant, worüber man auch
in seinen Nebenbedeutungen J o h n s o n s Wörterbuch
nachschlagen mag. Man wird jede derselben in der
kritischen Secte bewährt finden, so daß man diese
Philosophie a philosophy of hints and cants nennen
könnte.

**) S. 672.

allein zum Gegenstande; sie regelt durch ihn
mittelbar Alles. Durch Ideen vereinigt sie
seine Begriffe nicht, sondern in Ideen; nicht
durch Kollektion, welches Zusammenzählen dem
Gedächtniß und der Einbildungskraft zustehet,
sondern durch erkennende Entscheidung.
Ihr Amt ist distributive Wahrheit,
d. i. Erwägung des Ganzen in seinen Gliedern
zum richterlichen Spruch, wie es das Amt des
Verstandes war, Anerkennung des Gegenstandes
zum Begriff.

„Ich behaupte demnach: die transscendentalen Ideen
sind niemals von konstitutivem Gebrauche, so daß dadurch Begriffe gewisser Gegenstände gegeben würden,
und in dem Falle, daß man sie so versteht, sind es blos
vernünftelnde Begriffe. Dagegen aber haben sie einen vor-
treflichen und unentbehrlichnothwendigen regulativen
Gebrauch, nemlich den Verstand zu einem gewissen Ziele
zu richten." *) Daß Vernunfturtheile leitende
Ideen seyn können, daran hat niemand ge=
zweifelt, da es Begriffe höherer Ordnung sind
und die Vernunft in ihnen als Entscheiderinn
urtheilt; eben deßhalb aber sind sie auch kon=
stitutiv, ja die konstitutivsten unsrer Erkennt=
nisse; es sind Dekrete. Der Verstand kon=
stituirt nicht, sondern unterrichtet sich und den
Richter. Die Wortbestimmung der „kritischen
Philo-

---

*) S. 672.

Philosophie, daß konstitutiv heissen soll, wodurch Begriffe von Gegenständen" gegeben werden, ist eben so willführlich als unbestimmt; auch durch Vernunft-Ideen werden Begriffe von Gegenständen, d. i. Wahrheiten gegeben, und zwar in einer gewisseren höheren Ordnung, als der Verstand seine Begriffe geben konnte. Gewähren sie solche nicht, so sind es keine Vernunft-Ideen, sondern Dichtungen, Spekulationen.

„Die Vernunft richtet den Verstand zu einem gewissen Ziele, in Aussicht auf welches die Richtungslinien aller seiner Regeln in einem Punct zusammenlaufen, der, ob er zwar nur eine Idee (focus imaginarius), d. i. ein Punct ist, aus welchem die Verstandesbegriffe wirklich nicht ausgehen, indem er ganz ausserhalb den Grenzen möglicher Erfahrung liegt, dennoch dazu dient, ihnen die größte Einheit neben der größten Ausbreitung zu verschaffen. Nun entspringt uns zwar hieraus die Täuschung, als wenn diese Richtungslinien von einem Gegenstande selbst, der ausser dem Felde empirischmöglicher Erkenntniß läge, ausgeflossen wären, so wie die Objekte hinter der Spiegelfläche gesehen werden; allein diese Illusion, welche man doch hindern kann, daß sie nicht betrügt, ist gleichwohl unentbehrlich nothwendig, wenn wir ausser den Gegenständen, die uns vor Augen sind, auch diejenigen zugleich sehen wollen, die weit davon uns im Rücken liegen, d. i. wenn wir, in unserm Falle, den Verstand über jede gegebene Erfahrung (dem Theile der gesammten möglichen Erfahrung) hinaus, mithin auch

zur

zur größtmöglichsten und äuſſersten Erweiterung ab-
richten wollen." *) — Leeres Phantasma in einem unpaſſenden Bilde. Unſer Verſtand ſieht
in den Gegenſtänden, die vor ihm ſind, was
da iſt; das Gedächtniß erinnert ihn an die,
die ihm im Rücken liegen; ein Verſtand, der
über jede gegebene Erfahrung hinauszujagen
abgerichtet würde, wäre ſo wenig ein richtiger Verſtand, als der Spiegel, der uns mehr
als den Horizont ſeiner Gegenſtände wieſe, ein
richtiger Spiegel. Mit Zauberey gienge es zu,
wenn der gemeinſte geſunde Verſtand auf ſolche
Weiſe ſein Erkenntniß größtmöglichſt und
äuſſerſt erweitern wollte. Eine Vernunft,
die ihn dazu „abrichtet," indem ſie ihm ein Ziel
auſſerhalb den Grenzen möglicher Erfahrung
ſogar als einen Fokus einbildet, auf welchen die Richtungslinien aller ſeiner Verſtan-
desregeln, auſſerhalb ſeiner Grenzen erzeugt,
auſſerhalb derſelben zuſammenlaufen, wäre eine
„abrichtende" Täuſcherin, die mit der Unwür-
de, mit der ſie ihr eigen Amt aufgab, den anerkennenden Verſtand aus ſeiner eigenthümlichen Funktion verlockt und Grundaus verder-
bet. Leere Spiegelgebilde, die ſelbſt im Reich
der Fabel nicht beſtünden.

Ueber-

---

*) S. 672.

„Uebersehen wir unsre Verstandeserkenntnisse in ihrem ganzen Umfange, so finden wir, daß dasjenige, was Vernunft ganz eigenthümlich darüber verfügt und zu Stande zu bringen sucht, das Systematische der Erkenntniß sey, d. i. der Zusammenhang derselben aus einem Princip."*) — Nur der letzte Vernunftaktus kann dies thun, dem viele andere vorgehen mußten; auch wird kein System von der Vernunft allein errichtet, noch weniger verfüget; indem zu einem System Verstand, Einbildungskraft, Witz und Scharfsinn beytragen müssen. Wenn ihre Beyträge die Vernunft regelt, so kann sie dies nicht anders als anerkennend thun, wie der Verstand Begriffe anerkannte, indem sie den lichten Punkt trifft, oder bestätigt, aus welchem und zu welchem sich ein System ordnet. Ohne diesen Punkt, der kein eingebildeter Focus hinter dem Spiegel aller Erfahrung, sondern ein in der Vernunft selbst liegender Erkennungs= ein Brennpunct der Wahrheit seyn muß, ist alles kollektive Zusammenräumen zu einem System „eine Zusammenstellung der Gegenstände, die uns im Rücken liegen, zu einem foco imaginario" hinter dem Spiegel, wo das „Ding an sich" wohnet, d. i. eine Synthesis a priori.

F 4 „Wenn

---

*) St. 673.

„Wenn die Vernunft ein Vermögen ist, das Besondre aus dem Allgemeinen abzuleiten, so ist entweder das Allgemeine schon an sich gewiß und gegeben, und alsdenn erfordert es nur Urtheilskraft zur Subsumtion, und das Besondre wird dadurch nothwendig bestimmt. Dieses will ich den apodiktischen Gebrauch der Vernunft nennen. Oder das Allgemeine wird nur problematisch angenommen und ist eine bloße Idee; das Besondre ist gewiß, aber die Allgemeinheit der Regel zu dieser Folge ist noch ein Problem: so werden mehrere besondre Fälle, die insgesamt gewiß sind, an der Regel versucht, ob sie daraus fließen, und in diesem Falle, wenn es den Anschein hat, daß alle anzugebende besondre Fälle daraus abfolgen, wird auf die Allgemeinheit der Regel, aus dieser aber nachher auf alle Fälle, die auch nicht angegeben sind, geschlossen. Diesen will ich den hypothetischen Gebrauch der Vernunft nennen.“ *) — Die Namen waren längst bekannt; hier werden sie verführend angewendet. Ist der Vernunft das Allgemeine nur problematisch, als eine bloße Idee, (mißbrauchter Name!) d. i. als ein Wahnbild, ein Allgemeinspruch gegeben, so hilft das Versuchen einzelner Fälle an der Regel nichts, um sie dadurch zur Allgemeinregel zu erheben. Ein so hypothetischer Gebrauch der Vernunft wäre kein Vernunftgebrauch, sondern ein Probiren unter einer Vorspiegelung, mit der ich mich, lüstern nach einem Nichts, täusche. Anerkennen

---

*) S. 674.

kennen des Allgemeinen im Beson=
dern ist die Vernunftregel. Möge der für mich
unübersehliche, mithin unerweisbare Allgemein=
satz an sich seyn, was er wolle; er gilt für
diesen Fall: denn dies Besondre ist in ihm
erkennbar.

„Der hypothetische Vernunftgebrauch geht also auf die
systematische Einheit der Verstandeserkenntnisse; diese aber
ist ein Probierstein der Wahrheit der Regeln.
Umgekehrt ist die systematische Einheit (als bloße Idee)
lediglich nur projektirte Einheit, die man an sich nicht
als gegeben, sondern nur als Problem ansehen muß.“*)—
Abermals umgekehrt. Eine projektirte Einheit,
die man nicht als gegeben, sondern nur als
Problem ansehen muß, ist kein Probierstein
der Wahrheit aller Vernunftregeln. Die
Wage der Vernunft hienge sodann an einem
erdichteten Nichts, an einer projektirten syste=
matischen Einheit.

„Man siehet aber hieraus nur, daß die systematische
oder Vernunfteinheit der mannichfaltigen Verstandeserkennt=
nisse ein logisches Princip sey, um, da wo der Ver=
stand allein nicht zu Regeln hinlangt, ihm durch Ideen
fortzuhelfen und zugleich der Verschiedenheit seiner Re=
geln Einhelligkeit unter einem Princip (systematische)
zu verschaffen, so weit als es sich thun läßt.“ **)
Ein höchst = unlogisches Princip wäre diese

F 5   vorge=

―――――――――――――――――

*) S. 675.   **) S. 676.

vorgespiegelte Vernunfteinheit, wenn sie auf nichts anderm beruhte, als wo der Verstand zu Regeln nicht hinlangt, (als ob er regellos diese suchen könnte?) ihm hinkend fortzuhelfen. „Ob aber die Beschaffenheit der Gegenstände, oder die Natur des Verstandes, der sie als solche erkennt, an sich zur systematischen Einheit bestimmt sey, und ob man diese a priori, auch ohne Rücksicht auf ein solches Interesse der Vernunft, in gewisser Maaße postuliren, und also sagen könne: alle mögliche Verstandeserkenntnisse (darunter die empirischen) haben Vernunfteinheit, und stehen unter gemeinschaftlichen Principien, woraus sie, unerachtet ihrer Verschiedenheit, abgeleitet werden können; das würde ein transscendentaler Grundsatz der Vernunft seyn, welcher die systematische Einheit, nicht blos subjektiv und logisch als Methode, sondern objektiv nothwendig machen würde.“ *) Und so stehen wir denn, wo wir waren, im Lande des „kritischen Idealismus,“ d. i. der dialektischen Phantasterey, in welchem es bey aller Mühe, dem Regellosen Verstande mittelst einer vorgespiegelten Vernunfteinheit zu Regeln zu verhelfen, völlig unausgemacht bleibt, ob die Beschaffenheit der Gegenstände, oder die Natur des Verstandes an sich zur Einheit bestimmt sey? Bestimmt von wem? für wen? Schlaftrunkner Idealismus! Er mühet sich in schwe-

ren

---

*) S. 676.

ren Träumen; sein Phantasma, die leere Ge=
genstandlose Vernunft drückt ihn. Im Lande
der Unbegriffe, des Wüsten und Leeren vor al=
ler Schöpfung dialektisirt er träumend, ob je
eine Schöpfung werde?

„Es zeigt sich aber, wenn man auf den transcendenta=
len Gebrauch des Verstandes Acht hat, daß die Idee einer
Grundkraft nicht blos als Problem zum hypothetischen
Gebrauche bestimmt sey, sondern objektive Realität
vorgebe. Denn ohne daß wir einmal die Einhelligkeit
der mancherley Kräfte versucht haben, setzen wir doch
voraus, es werde eine solche anzutreffen seyn.
In der That ist auch nicht abzusehen, wie ein logi=
sches Princip der Vernunfteinheit der Regeln statt finden
könne, wenn nicht ein transscendentales vorausgesetzt
würde, durch welches eine systematische Einheit als den Ob=
jekten selbst anhängend, a priori als nothwendig ange=
nommen wird. Denn mit welcher Befugniß kann
die Vernunft im logischen Gebrauch verlangen, die
Mannichfaltigkeit der Kräfte, welche uns die Natur zu er=
kennen giebt, als eine blos versteckte Einheit zu behan=
deln, wenn es ihr frey stünde, zuzugeben, daß es
eben so wohl möglich sey, alle Kräfte wären ungleichgültig
und die systematische Einheit ihrer Ableitung der Natur
nicht gemäß? Denn alsdenn würde sie gerade wider
ihre Bestimmung verfahren, indem sie sich eine Idee zum
Ziele setzte, die der Natureinrichtung ganz widerspräche.
Auch kann man nicht sagen, sie habe zuvor von
der zufälligen Beschaffenheit der Natur diese Einheit
abgenommen. Denn das Gesetz der Vernunft, sie zu
suchen,

suchen, ist nothwendig, weil wir ohne dasselbe gar keine
Vernunft, ohne diese aber keinen zusammenhangenden
Verstandesgebrauch, und in dessen Ermangelung kein zu-
reichendes Merkmal empirischer Wahrheit haben würden, und wir also in Ansehung des letztern die systematische Einheit der Natur durchaus als objektivgültig
und nothwendig voraussetzen müssen."*) Also sez-
zest du sie voraus, Schlaftrunkner Idealismus, weil wir sie, selbst ehe wir sie versucht
haben, voraussetzen, und weil nicht abzusehen ist, wie ein logisches Principium sie
voraussetzte, wenn man sie nicht auch transscendental voraussetzen müßte: denn transscendental muß sie vorausgesetzt werden,
weil man nicht sagen kann, sie sey zuvor,
als den Objekten selbst anhängig, von der zufälligen Beschaffenheit der Natur abgenommen worden. Man muß sie voraussetzen, weil sonst keine projektirte Einheit
der Verstandes- und Vernunftbegriffe zu Stande
käme, und ohne solche gar keine Vernunft
Statt fände. Damit also dies Projekt, eine
Vernunft, zu Stande käme, müssen wir vor
aller Vernunft, eine Vernunft, auch als objektivgültig annehmen. Nur in Ansehung
des letztern thun wirs, sonst wäre uns keine
objektivgültige Vernunft nöthig. Zeigte uns
jemand

*) S. 678. 679.

jemand ein Mittel, wie wir ohne objektivgül=
tige Vernunft eine subjektivgültige Vernunft
haben könnten; so wäre die Voraussetzung
und Annahme nicht nothwendig. Q. E. D.

„Wir finden diese transscendentale Voraussetzung auch
auf eine bewundernswürdige Weise in den
Grundsätzen der Philosophen versteckt, wiewohl sie solche
darinn nicht immer erkannt oder sich selbst gestanden
haben. Daß alle Mannchfaltigkeiten der Dinge die Identität der Art nicht ausschließen, daß die mancherley Arten
nur als verschiedentliche Bestimmungen von wenigen Gattungen angesehen werden müssen u. f., ist eine Schulregel
oder logisches Princip, ohne welches kein Gebrauch der
Vernunft statt fände. Daß aber auch in der Natur eine
solche Einhelligkeit angetroffen werde, setzen die Philosophen
in der bekannten Schulregel voraus: entia præter necessi-
tatem non esse multiplicanda.“ *) Warum setzen sie
es voraus? weil sie es in der Natur aner=
kannten. Alle Naturlehrer, die Geschlechter,
Arten, Gattungen aufzählten, verschwiegen
sich, wenn sie deutlich dachten, dies Gesetz nicht;
noch weniger warteten sie auf eine Philosophie,
die ihnen solches transscendental, damit eine
objektivgültige Vernunft möglich würde, nicht
beweisen, sondern a priori kritisch vorschreiben
sollte. In der dürftigsten Sprache liegt dies
Gesetz, da keine menschliche Sprache ohne
daselbe

---

*) S. 680.

daſſelbe entſtehen konnte. Wenn alſo die kriti=
ſche Dialektik, weitläufig an Worten und arm
an Sinn, zu ihm noch ein andres erfindet:
„entium varietates non temere eſſe minuendas,‟ *)
und herausbringen will, „wie das Geſetz der Specifi=
kation auch wohl n i c h t von der Erfahrung entlehnt ſeyn
könne; **) wie die transſcendentale Vernunft dem Ver=
ſtande durch ein Geſetz der Gleichartigkeit, Varietät und
dazu n o c h durch ein Geſetz der Affinität aller Begriffe
ein Feld bereite :‟ ſo wundert man ſich über
die Mühe dieſes Spielwerks, da Jedermann
den Urſprung dieſer Begriffe durch A n e r k e n=
n u n g in den Gegenſtänden weiß, jede Ver=
nunftlehre ***) ihn entwickelt und jede Sprach=
lehre ihn vorträgt. Vor aller Erfahrung weiß
die Vernunft von Gattungen, Arten und Ge=
ſchlechtern gleich wenig, und kann ſich über
Gleichartigkeit, Varietät und Affinität keine
Geſetze geben. Wird vollends „aus der ſcholaſtiſchen
Regel des continui ſpecierum oder formarum logicarum‟
des mathematiſchen L e i b n i tz G e ſ e tz d e r
C o n t i n u i t ä t hergeführet und des L e i b n i tz
mit B o n n e t s Stufenleiter topiſiret : †) was
kann man bey dieſen Traumreden thun, als
ſich gähnend und gähnend verwundern.

„Die

„Die Verstandeshandlungen ohne Schemate der Sinnlichkeit sind unbestimmt; eben so ist die Vernunfteinheit auch in Ansehung der Bedingungen, unter denen,
und des Grades, wie weit der Verstand seine Begriffe
systematisch verbinden soll, an sich selbst unbestimmt. Allein
obgleich für die durchgängige systematische Einheit aller
Verstandesbegriffe kein Schema in der Anschauung ausfindig gemacht werden kann: so kann und muß doch ein
Analogon eines solchen Schema gegeben werden, welches
die Idee des Maximum der Abtheilung und der Vereini-
gung der Verstandeserkenntniß unter einem Princip ist.
Denn das Größeste und Absolutvollständige läßt sich bestimt
gedenken, weil alle restringirenden Bedingungen, welche unbestimmte Mannichfaltigkeit geben, weggelaßen werden.“ *)—
Kein Größestes läßt sich außer seiner Reihe des
Kleineren, kein Absolutvollständiges ohne den
Inbegriff seiner Integraltheile bestimmt denken;
mithin wäre dies Schema der Vernunft ohn'
alles Schema. Dem ist aber nicht also: denn
der Grund der Vernunft ist nicht absolute Voll=
ständigkeit, sondern Nothwendigkeit, in=
nere Gewißheit. Auch ists nicht also, daß
für die Einheit der Verstandesbegriffe kein Sche=
ma ausfindig gemacht werden könne, da recht
gefaßt es die Kategorieen selbst sind; in ihnen
(denn Vernunft und Verstand bearbeiten Eine
und Dieselbe Welt von Gegenständen) ist in
Sätzen und Schlüßen höherer Ordnung auch

das

*) S. 692. 693.

das Schema der Vernunfteinheit gegeben.
Und zwar gegeben in ihrem anerken=
nenden Wesen selbst mit Gesetz und Ord=
nung: sie können und wollen darüber nicht
hinausschreiten.

Schema der Verstandes= und Vernunfteinheit.

I.
Seyn

Daseyn   Fortdauer.

Kraft.

Vernunftgesetz der Identität.

2.	3.
Eigenschaften	Kräfte.
Dasselbe, ein andres,	Bestehend.
Geschlechter, Gattungen.	Freundlich=Feindlichwirkend.
Art	Fortwirkend
Vernunftgesetz der Homogeneität,	Vernunftgesetz der Causalität,
Differenz und Artung.	Affinität und des nexus effectivus.

4.
Maas.
Punkt.

Extension   Protension

Intension

Vernunftgesetz des Continuum, Maximum, Minimum u. f.

Sollte es noch einer Entwicklung bedürfen?

Gesetz

Gesetz der Vernunft.

1. Wenn Erkennen heißt: in Vielem ein
Eins unterscheiden, fassen, sich aneignen: so
ergiebt sich, daß Beydes, das Viele und Eins
nicht ohne einander seyn können. Das Eins,
das ich mir aneigne, heißt das Besondere,
und ist in dem Gemeinen, aus dem ich es
sondere, enthalten. Die Sonderung konnte
nicht geschehen, wenn das Ungesonderte nicht
vorher meine Sinne oder meinen Verstand traf.

2. Vom untersten Sinn bis zur höchsten
Kraft der Vernunft reicht dies Zusammen=,
Mit= und Ineinanderseyn des Ge=
meinen und Besondern. Jedes Organ
eignet sich aus der gemeinen Masse das Seini=
ge zu, und lässet das Andre. So wird unser
Leib erhalten, indem jedes Gefäß desselben da=
bey einen Dienst thut. So sondert jeder Sinn
aus dem Gemeinen, der großen Vorrathkam=
mer der Welt, sich das Seinige; so die Ein=
bildungskraft, der Verstand, so endlich auch
die Vernunft. Das menschliche Erkenntniß=
Vermögen hat nur Eine, diese Kraft, im All=
gemeinen ein Besonderes zu erfassen, dies Be=
sondre im Allgemeinen anzuerkennen, Jenes in
Diesem, Dieses in Jenem zu sehn, und Eins
auf das Andre zurückzuführen.

Zweyter Theil.   G   3. Von

3. Von Kindheit auf partikularisiren wir
also aus dem Allgemeinen und umgekehrt,
weil wir im großen Chaos der Gegenstände
Aehnlichkeiten und Unterschiede zugleich bemerken. Der Mensch z. B. sah eine
Heerde; wird er zuerst jedes Individuum mit
einem eignen Namen bezeichnen? Ihrer gemeinschaftlichen Aehnlichkeit wegen nennt er die
Heerde mit Einem Namen, Schaafe, Bäume,
Sterne; er sah das Einzelne im Allgemeinen.
Oder wenn er zuerst nur ein Einzelnes erblickte
und ihm darauf ein Aehnliches wieder kam,
wiederholte er den Namen, als ob es Dasselbe
wäre, ihn auf alle Fälle ähnlicher Wiederkunft
deutend; er sah das Einzelne im Allgemeinen.
So entstand die menschliche Sprache; sie ist von
Gemeinwörtern voll, die in einer langen Zeitfolge erst partikularisirt wurden, lange noch nicht
alle partikularisirt sind, und nie alle partikularisirt werden können und werden. Das Wort
Baum war dem Menschen leichter zu nennen,
wo irgend ein Baum sich zeigte, als jede verschiedene Baumgattung. So allenthalben. *)

4. Ein

---

*) Dies ist der Schlüssel zu Bildung der menschlichen
Sprache in allen Theilen der Rede. Der Name
(nomen) war an Einem oder mehreren Individuen
erfunden;

4. Ein Kind generalisirt gern. Wenn es
Einen Elephanten sieht, so glaubt es, alle ge=
sehen zu haben; das Individuum wird ihm
Typus des Geschlechts mit allen seinen Parti=
kularitäten. War der Elephant grau, so müssen
alle Elephanten grau seyn, bis es hört oder

G 2

liefet,

---

erfunden; man wiederholte ihn als einen Gemein=
namen und zu Bezeichnung dieses Gegenstandes
ward er durch der, die, das, partikularisiret. Mann,
Frau, Kind, bey einzelnen mehreren Objekten aner=
kannt, waren Gemeinnamen; der Mann, die Frau,
das Kind mußten den Gemeinnamen partikularisiren.
So entstanden verkürzende Anweisungsworte, (Ich,
Du, Er, Dieser, Jener,) bey denen die nomina
selbst verschwiegen werden konnten, die also, obgleich
stets in Partikularfällen gebraucht, die Rede generali=
sirten. Alle Worte des Seyns, Leidens und
Thuns (verba) wurden, (obgleich bey einzelnen Ge=
legenheiten erfunden,) Gemeinbegriffe. Ein
Infinitiv bezeichnete mit weniger Veränderung beym
Thun und Leiden alle modos und Zeiten, bis diese
nach und nach durch Endungen, Vor= und Beyworte
einzeln bestimmt, d. i. partikularisirt wurden. *)

*) Setzen z. B., der Hauptbegrif, war da, den man
nach und nach durch Präpositionen und Adverbien
(vor=, zu=, bey=, nachsetzen u. s.) partikularisirte.
Mit den Casibus der Nominum ists ein Gleiches:
manche Sprachen decliniren, d. i. partikularisiren
noch jetzt wenig oder gar nicht.

liefet, daß es auch weiſſe Elephanten gebe. In
allen Sprachen findet man Reſte von dieſer
Kindheit der Menſchen in Gerneraliſirung der
Individuen zu Geſchlechtsnamen durch ein oft
ſehr unweſentliches oder beſonderes Merkmal;
und in wie Manchem bleiben wir Zeitlebens
ſolche Kinder! Jeder mahlt ſich den Engel und
Teufel ſeines Geſchlechts aus Partikular = Ein=
drücken nach ſeiner Weiſe.

5. Ein Kind generaliſirt gern. Nach Einer
oder zwey gemachten Erfahrungen iſt ſeine ra=
ſche Seele ſogleich mit einem allgemeinen Er=
fahrungsſatz fertig, unter der Firma des Wört=
leins All: „alles, was Federn hat, fliegt,“
bis es aus neuen Erfahrungen inne wird, daß
Manches, was Federn hat, auch nicht fliege.
So bildet ſich die ſogenannte Analogie unſrer
Erfahrungen aus wenigen oder mehreren, genau=
oder ſchlecht = bemerkten Fällen, mangelhaft oder
hinreichend: immer aber, wenigſtens verſchwie=
gen, mit dem Wörtchen All ausgerüſtet, das
ſie doch ſo ſelten oder eigentlich nie verdienet.

6. Denn, wenn ſind unſre Gemeinbegriffe
vollſtändig? wenn können wir im genaueſten
Sinn All, Alles ſagen? Nie, als wo der Be=
griff dies All ſelbſt enthält, oder wo er ganz
unſer iſt und wir alſo zu ihm ſo viel nehmen
können, als uns beliebt. Da wohnen wir in
unſrem

unfrem Eignen und dürfen fagen: „ dies Alles
ift mein! d. i. dies ift Alles, was ich habe."

7. Also lügen wir immer, wenn wir all fa=
gen? denn wie felten haben wir überzählt und
können überzählen, ob dies Alles fich auch als
All konftituire. — So will das Wort nicht ver=
ftanden feyn, oder wir könnten es beynäh nie
gebrauchen. All fagen wir, wenn zu unfrem
Zweck nichts fehlet, oder wenn fich von diefer
Bezweckung Nichts ausnehmen foll, was zu ihr
gehöret, oder endlich, wenn wir gnug haben
und zu zählen, zu bemerken aufhören. Aus
bloßer Läßigkeit fagen wir dann ein fo allge=
meines Machtwort. Kurz, wir generalifi=
ren immer nur in Abficht zu partiku=
larifiren, fo wie wir nicht partikularifiren
können, ohne ein All im Sinne zu haben;
beyde Begriffe find wie das prius und pofterius
innig verknüpfet.

8. Wenn alfo der Oberfatz des Vernunft=
fchluffes mit einem All hervortritt, was will
dies All? Legt es uns auf zu zählen und fort=
zuzählen, bis wir zur „abfoluten Vollftändigkeit"
der Zahl deffen gelangen, das mit All genannt
ift? Nichts weniger! denn damit kämen wir
eben von dem Schluß weg, zu dem das All
einleitet. Das Wort heißt blos: „ nichts aus=

ge=

genommen von dem, was das Subjekt sagt,
was mir und dir in ihm bekannt ist, und was
jetzt zu unserm Zweck gehöret." Oft kann es
daher auch gar ausgelassen, und das Subjekt,
wenn es seinen Begriff ganz bezeichnet, allein
gesetzt werden. Ob ich sage: „alle Kinder sol=
len ihre Eltern lieben" oder „Kinder sollen ihre
Eltern lieben" ist gleichgültig, ja das letzte wird
treffender, weil sich damit das Subjekt in sei=
ner Natur nackt darstellt, ohne durch ein schein=
bares Ueberzählungswort irre zu führen. Das
All und Keiner des Syllogismus sind also
blos Classen= und Schulworte, zu verhüten,
daß sich kein Quidam von der Regel ausnehme.
Dem Schluß soll sich nichts entziehen, was zur
Partifularisation des Allgemeinen auf diesen
Fall gehöret. Möge in andern Beziehungen
das Subjekt mit sich führen, was es wolle, hier
tritt es nur zur Subsumtion und Ent=
scheidung, zur Form eines Conklu=
sum auf, daher wir im gemeinen Reden die
Allgemeinsätze gar weglassen, und den für einen
Pedanten halten, der sich mit ihnen als einer
prächtigen Universalität brüstet. Wir setzen sie
voraus, oder deuten sie nur an und subsumiren.
Auch halten wir den gewöhnlich für einen leeren
Kopf, der auf unübersehbare Allgemeinsätze los=
geht. Nicht auf ihr weites Umfassen und Aus=

dehnen

dehnen kommt es uns an; sondern auf ihr Zu=
sammenfassen und Anwenden.

9. Anwenden; ein ausdrückender Name.
Ich wende den Satz, daß ich ihn zum Ge=
brauch bringe, zum Prädikat des gegenwärtigen
Falles; an seiner weitern müßigen Ausdehnung
ist mir jetzt und hier nicht gelegen.

10. Der Vernunft Amt ist also, ein
gegebnes Allgemeine zu partikularis=
ren, im Unbedingten das Bedingte anerkennend
zu finden und festzustellen: eine Jagd im Allge=
meinen bis zur „absoluten Vollständigkeit eines Subjekts, dessen absolute Vollständigkeit von uns gar nicht begriffen,“ noch weniger dargestellt, am wenigsten
genutzt werden kann, ist kein Vernunftwerk.
Was z. B. sollte der Vernunft daran liegen, eine
„absolute Vollständigkeit der Zusammensetzung des
Ganzen aller Erscheinungen, oder der Theilung des Ganzen
in der Erscheinung, oder der Entstehung einer Erscheinung
überhaupt, oder endlich gar die absolute Vollständigkeit der
Abhängigkeit des Daseyns des Veränderlichen in der Erscheinung“ zu dichten, wenn sich ihr diese Ge=
meinsätze nicht selbst aufdrängen, damit sie sol=
che partikularisire? Weßhalb soll sie den Ver=
stand über die Schranken aller Erkenntniß hin=
aus spornen? Gerade das Gegentheil thut sie,
als eine zusammennehmende, scheiden=
de, bescheidende Vernunft. Was über uns

ist,

ist, spricht sie, bleibe an seinem Ort; zu uns
steige daraus nieder, was unser ist und zu uns
gehöret. Dies macht sie im Allgemeinen als
Merkmal klar, und bindet es zu einem Schluß;
sie stützt sich aufs Allgemeine, damit daraus im
Besondern etwas gegründet werde.

11. Das regulative Principium der
Vernunft kann also nicht „ein Problem seyn,
um der Vollständigkeit in der Idee gemäß, eine Regel vor-
zuschreiben, nach welcher sie vom Bedingten, vermittelst
aller einander untergeordneten Bedingungen, zum Unbedingten fortgeht, obgleich dieses niemals erreicht wird,‟ welcher focus imaginarius eine Lockung wäre, die
zu nichts führet. Umgekehrt sucht sie aus dem
Bedingungslosen, das ihr die Einbildungskraft
in allgemeinen Ausdrücken vorspiegelt, den Weg
zum Bestimmten, d. i. zum Bedingten. Statt
z. B. aus den phantasirenden Worten „Welt,
Weltall, Weltganzes, Materie u. f.
Sprünge ins Unermeßliche zu thun, und diese
hyperbolische Bahn gar für ihr „regulirendes Princip‟
zu nehmen, kehrt sie von solchen Allgemeinbe-
griffen auf das Besondere. Seyn, Daseyn,
Dauer, Kraft will sie, jene nur in Gestal-
ten und Eigenschaften, Geschlechtern,
Gattungen, Art, diese in Wirkungen
sehen und sich daraus Gesetze sondern. Deßhalb
legt sie ihr Maas daran; statt eines endlosen

Pro=

Progreſſus, der zu nichts dienen würde, will und muß ſie in jedem Schluß den Regreſſus in ſich ſelbſt vollenden.

12. Wie ſtehts alſo mit der Transſcen=denz der Vernunft? Die wahre Vernunft transſcendirt nie; nie ſteigt ſie aus ſich ſelbſt oder über ſich ſelbſt hinüber. In ihren höchſten Gleichungen befolgt ſie daſſelbe Geſetz, das ſie in den niedrigſten befolgte: „im Allgemeinen das Beſondre zu finden, im Mittelwort (medius terminus) es feſtzuhalten und im Schluß zu gründen.“ Je höher ſie ihren Begriff nahm, in deſto Mehrerem muß er anerkennbar werden; im kleinſten und größeſten Umfange aber iſt das Weſen der Vernunft wie des Cirkels: „Radien ſind ohne Mittelpunkt nicht; von ihm gehen alle aus und kehren zu ihm wieder.“

13. Bey dieſem Begriff der Vernunft, wo iſt der falſche Schimmer, der ihr natürlich ſeyn und ſie ewig aus ſich ſelbſt jagen ſoll? Wo ſind die unvermeidlichen Antinomieen, jener un=ablegliche Zank und Zwiſt, in den ſie ſelbſt von der Wurzel aus getheilt iſt? Nicht nur ver=ſchwunden ſind ſie; ſondern als die eigentliche Unvernunft (tortura mentis) verſchwunden. Wollte das „regulative Prinzipium“ dieſer diſtor=quirenden Unvernunft, daß ſie unaufhörlich aus ſich ſelbſt ſchreite und ein unendlicher Ra=

dius

dius ohne Mittelpunkt und Umkreis werde: so
spricht die wahre Vernunft „das bin ich nicht;
mein Amt ist, beschlieſſen. Was Einbildungskraft, Verstand und Sprache in Allgemeinſätzen
mir zuführen, wende ich an, ich subſumire; in
mir ist kein Zwiespalt, in mir ist Friede. Frie-
destifterinn ist die Vernunft zwischen dem Allgemeinen und Besondern, da Beydes nicht ohne
einander seyn kann; indem sie Beydes ei ni-
get, Beydes ver knüpfet.

14. Wodurch knüpft sie beydes? Durch sich
selbst, weil sie Vernunft ist. Sie macht das
unbestimmte wüste All (omne), an welchem
ſich nichts denken läßt, zu einem ihr eignen
Ganzen (toto) bedingt und bestimmt in seinen Gliedern.

15. Ein Ganzes, bestimmt in seinen
Gliedern; hiemit flieht jene transſcendentale
Syntheſis, die Feindinn alles menschlichen
Anerkennens, die Theile zu Theilen, Räume zu
Räumen setzt, um ein Absolutum zu erhaschen,
wovon der Verstand keinen Begriff hat, welches auch auf diesem Wege des 1 + 1 nicht
einmal zu finden wäre. An ihre Stelle tritt
Umfaſſung des Begriffs (Comprehenſio) durch
Zuſammenordnung. Nicht aus Theilen
wird der Vernunft ein Ganzes zuſammenge-
setzt, (ſyntheſiret) noch in Theile von ihr zerstückt,

ſtückt, dichotomiret; ſondern als **Ganzes** (to-
tum) lebendig **anerkannt** in ſeinen **Glie-**
dern. Dieſe konſtituiren das Ganze energiſch
und höchſt beſtimmt, weil es nur in ihnen un-
zertrennt und untrennbar lebet. **Abſolut** heißt
ihr nicht das Bedingungsloſe, ſondern das **in**
und zu ſich ſelbſt Geordnete, durch ſich
ſelbſt höchſt **Bedingte.** Als Richterinn ver-
nahm ſie

Den Grund des Anbringens.
Parthey und Gegenparthey;
und
Entſcheidet.

Die Entſcheidung kehrt zum Grunde des
Anbringens zurück, der in beyden Mittelgliedern
nur geweitet, d. i. von beyden Theilen aus-
einandergeſetzt ward. Die beyden Extreme
finden durch Ja oder Nein ihre Mitte wieder.

16. Hieraus ergiebt ſich, warum unſre Kategorieen als

1.

2. 3.

4.

geſtellet wurden; ein leeres Spiel der Dichotomie ſollte dies nicht ſeyn. So geſtellet geben ſie den Aktus der Vernunft ſelbſt an,
und ſind nichts als die drey Glieder des Syllogismus, indem die zwey mittleren den medius
terminus verbreiten und die vierte Zahl zur

Erſten

Erſten zurückkehret. *) Wenn ich z. N. den
Begriff vom Seyn in ſeinen großen Dimenſionen Raum und Zeit wahrgenommen habe,
kehren beyde Extreme in ihn ſelbſt, in den Begriff einer beſtehenden Kraft zurück, durch
welche zwiſchen beyden der Zuſtand einer Be-
harrung wird. Der Begriff der Qualität, durch Geſchlechter und Gattungen verfolgt,
kann nirgend hin, als in ſich ſelbſt zur eigenthümlichen Art zurückkehren, in welcher
jede Gattung, jedes Geſchlecht beharret,
wenn Eigenſchaften und Individuen in immer-
währendem Strom ſind. In der Kategorie
der Kräfte werde ich aus Anziehung und
Zurückſtoſſung nie eine Welt zimmern; es
muß eine Kraft ſeyn, aus welcher beyde ent-
ſpringen, und in welcher beyde mit neuer Ver-
jüngung, d. i. einem Effekt ſich wieder vereinen.
Die auseinander geſetzten Extreme waren nur
Mittelglieder. Im Begriff des Maaßes endlich kehren ſeine beyden Dimenſionen Exten-
ſion und Protenſion, die vom Punkt
ausgiengen, als weitgenommene Extreme zur
dritten

---

*) Der Conſtruktion der Rede nach würden ſie theſis,
ætiologie, apodoſis heiſſen. In andrer Rückſicht
können die beyden Mittelglieder als integrirende Theile
des Hauptbegriffs betrachtet werden, der in 1 und 4
erſcheinet.

dritten Dimension, der Intensität, wieder.
Die Kategorie ist also nichts als der in seiner
Construktion dargestellte Vernunft = Aktus;
die beyden Arme der Waage müssen an einer
Unterlage befestigt seyn, worauf zwischen beyden
ein viertes, die Zunge, den Ausschlag giebt,
d. i. entscheidet.

17. Den vier Hauptbegriffen der Kategorie
legten wir vier Wissenschaften unter: dem
Begriff des Seyns Ontologie, d. i. eine
Philosophie der Verstandessprache; dem Begriff
der Eigenschaften Naturkunde; der Kräfte
Naturwissenschaft; der Größen Mathe=
matik; in der Construktion aller muß sich die
angegebne Regel der Vernunft zeigen.
Und sie bestehet ihre Probe. Die Zusammen=
häufung eines Wörterbuchs, in welchem Wort
auf Wort, wie Blatt auf Blatt folget, giebt
uns den Begriff einer Sprache nicht, sondern
Ableitung und Zusammensetzung der Begriffe,
Etymologie und Syntaxis. Nicht Syn=
thesis des Einzelnen zum Einzelnen, sondern
συμπλοκη, Comprehension des Ganzen,
d. i. die Verknüpfung des Allgemeinen mit dem
Besondern. In der Naturkunde giebt das Hin=
und Herzählen der Gattungen und Geschlechter
keinen Begriff der Wissenschaft, sondern ihre
Zusammenfassung unter den Hauptbegriff,

Cha=

Charakter, Genesis, Art, d. i. die Anerkennung des Allgemeinen in dem Besondern
und wechselseitig. In der Physik bringt eine
Dichotomie mechanischer Kräfte nie zum Ziel;
beyde, aus Einer Ursache entsprossen, in Eine
Wirkung zusammengehend, wirken durch Verwandtschaft auf einander, freundlich, feindlich;
nur also wird etwas in der Natur, die sich
nicht anders als genetisch durch Abkunft,
Verwandtschaft, Erzeugungen hält und in ihnen fortlebet. Ihr Typus

Genetische Abkunft,

Freundschaften, Feindschaften,

Produkte,

trägt den Typus der Vernunft selbst an sich.

18. Entgegengesetzt also einem natürlichen
Hange zu Paralogismen, Antinomieen und einem sinnlosen Laufen ins Unendliche dürfen wir
die Vernunft als unser letztes, in sich
selbst beschlossenstes Vermögen ansehen,
und wenn wir in jedem andern eine Regel bemerkten, auch dieser ihr inneres, ewiges Gesetz
nachzeichnen.

Sinnenempfängnisse

Phantaseen   Verstandesbegriffe.

Vernunft = Ideen.

Gesetz:

„Wäge zu beyden Seiten. Umfasse den Begriff

griff in allen seinen Gliedern und führe ihn
in sich selbst zurück. Nur das in sich
höchstbestimmte ist absolut und
nothwendig.

19. Hier also scheiden sich Vernunft und
Phantasie oder vielmehr Phantasterey völlig.
Eine Philosophie, die das gesammte Reich der
Sinnlichkeit in zwey nichtsausdrückende Formen
auflöset und damit das Wesentliche desselben,
unser Innewerden vernichtet; sie, die das
Wesen des Verstandes, Anerkennung auf-
hob, und statt ihrer einen dunkeln Schematis-
mus nirgend entsprossener Wortlarven setzte;
sie, die das Amt der Vernunft mißkennend,
diese selbst zur dichtenden Jägerinn im Unver-
nehmbaren machte, und den einfachsten Begriff
der Vernunft als ein Ideal, d. i. als ein
Gedankenbild der Phantasie imaginiret, hat
eben damit dem Amt der Vernunft entsaget.
Diese wirft ein gesammletes, sich selbst wider-
sprechendes Ideal hinweg und spricht: „Nichts
Heiliges ist in dir. Mein Begriff von Gott ist
die ewige Vernunft selbst; sie ist mir in
mir und in Allem gegeben." Auf einem
Daseyenden, Nothwendigen, in sich Höchstbestimmten stehet alle Veränderung; jeder Begriff
des Verstandes, jedes Urtheil der Vernunft
hangt am Wort Ist oder Ist nicht; es setzt

Wahr-

Wahrheit voraus, Wahrheit in sich, zuletzt ewige Wahrheit.

20. Könnte das Auge oder irgend eine Organisation der Natur sich selbst aussprechen; sie spräche sich aus als Formel einer unendlichen Vernunft, d. i. unendlich vieler, in ihr dargestellten Verhältnisse, in sich selbst zusammentreffender Gedanken. Der Vernunft spricht sie sich also aus; sich selbst spricht die Vernunft also aus, auf ein Nothwendiges, d. i. Höchstbestimmtes Daseyn mit seinen Folgen, auf Verknüpfung zwischen Ursache und Wirkung gegründet. Nehmet dies weg, so ist Alles ein Traum, ein Phantasma.

21. Aber die Vernunft weiß, daß sie ist: sie weiß es allein. Selbst die Phantasie könnte ohne sie nicht dichten; die dichtende Phantasie setzt Vernunft voraus, und hüllet, was sie nicht genau kennt, nur ein in ihre Bilder. Auch der Wilde, der vor dem mächtigen Wasserfall als einer Wirkung des großen Geistes knieet, ehrt die Verknüpfung zwischen Ursache und Wirkung; hundert Stufen der Naturwirkungen höher hinaufgestiegen, knieen wir anerkennend wie Er. Die Phantasie selbst hat droben ihre Flügel verloren; auch sie erkennet eine durch sich bestehende ewige Wahrheit. Keine Naturgesetze, keine Mathematik findet ohne diese statt;

ſtatt; nichts bliebe uns übrig, als erdichtete
Prototypen, gehäufte Summen, ſynthetiſche
Ideale, Schwärmereyen, die die reine Philoſo-
phie weder anerkennet noch ausſpricht.

22. Hinweg alſo mit dem Wort: „Ideal der
reinen Vernunft;‟ die Vernunft dichtet und ſchafft
keine Ideale. Nothwendigen Begriff, Zuſammenhang zwiſchen Urſache und Wirkung
ſucht ſie; in ihr ſelbſt iſt ihr dieſer gegeben.
Sie darf damit nicht tändeln, oder ſie iſt keine Vernunft mehr; der Prototyp derſelben iſt
Beſtehen in ſich, nothwendige Wahrheit. Eine beſchränkte, aber keine mangelhafte
Copie iſt ſie dieſes Urtypus: denn auch im kleinſten Waſſertropfen ſpiegelt ſich die Sonne als
Sonne; der kleinſte Cirkel iſt ſeinem Weſen
nach Cirkel. Wer die reinſte Idee der Vernunft
für Phantaſie erklärt, erklärt auch für Phantaſie, daß $2 + 2 = 4$ ſey; er gab die innere
Nothwendigkeit des Begriffs auf, der alle unſre
Ideen bindet und feſthält.

23. Ein Wahn iſts, daß die Idee von Gott
den Forſcher der Natur ſtöre oder aufhalte;
willkührliche Wort-Idole, Pantasmen ſtören Un,
nicht aber der Begriff von abſoluter, durch ſich
gegebner, nothwendiger Wahrheit. Lege dieſen
allenthalben zum Grunde; in jedem Daſeyn ſu-
chend das Maximum oder Minimum ſeiner Behar-

rung, in jeder Kraftäufferung Verknüpfung der Ursache und Wirkung; du gehest nie irre. Der Begriff von Gott und seiner Einheit als einer reinen Vernunfturfache hat die menschliche Vernunft aufgeklärt, und von den Hefen der Phantafteren gereinigt. Er lehrte sie Einheit anerkennen, wo Einheit war, nothwendige Gefetze finden, wo sie sich ihr aufdrangen, d. i. allenthalben. Auf diesem Wege wird sie fortgehen, sich ihrer selbst freuend als eines lebendigen Abdrucks jener grossen Verknüpfung, mit dem Siegel innerer Nothwendigkeit bezeichnet. Selbst die gaukelnde Phantasie wird sie zurechtweisen; denn diese ist doch nur ein Traum der Vernunft, ein Schatten der Wahrheit.

24. Wundern dürfen wir uns also nicht über die Streitigkeiten, die, wie über jeden mißverstandnen Begriff, so auch über den reinsten und einfachsten aller, über Gott, entstanden. Da er durchaus keine Zumischung der Phantase leidet, in welcher er sogleich ein Unbegriff wird, ließ sich über ihn in eine Mißgestalt gehüllt, viel streiten. Jeder Philosophie aber ist die reine Anerkennung dieser gewissesten Idee Kriterium; verkannte sie diesen Begriff, welchen reinen Begriff sollte sie nicht verkannt haben?

13. Vom

13.

Vom

Discipliniren

der

reinen Vernunft.

„In der transſcendentalen Elementarlehre haben wir zum Gebäude des Innbegriffs aller Erkenntniß der reinen Vernunft den Bauzeug überſchlagen und beſtimmt, zu welchem Gebäude, von welcher Höhe und Feſtigkeit er zulange. Jetzt iſt es uns nichtſowohl um die Materialien, als vielmehr um den Plan zu thun, und indem wir gewarnet ſind, es nicht auf einen beliebigen blinden Entwurf, der vielleicht unſer ganzes Vermögen überſteigen könnte, zu wagen, gleichwohl doch von der Errichtung eines feſten Wohnſitzes nicht wohl abſtehen können, den Anſchlag zu einem Gebäude in Verhältniß auf den Vorrath, der uns gegeben und zugleich unſerm Bedürfniß angemeſſen iſt, zu machen.“ *)

„Die transſcendentale Methodenlehre ſoll alſo die Beſtimmung der formalen Bedingungen eines vollſtändigen Syſtems der reinen Vernunft enthalten, und in dieſer Abſicht mit einer Diſciplin, einem Kanon, einer Architektonik und einer Geſchichte der reinen Vernunft zu thun haben.“ **)

I. „Die Diſciplin der reinen Vernunft.“

Sie bedarf, wo weder empiriſche noch reine Anſchauung ſie in einem ſichtbaren Geleiſe halten, nämlich in ihrem transſcendentalen Gebrauch nach bloßen Begriffen, ſo ſehr

H 3   einer

---

*) S. 735.   **) S. 736.

einer Disciplin, die ihren Hang zur Erweiterung
über die engen Gränzen möglicher Erfahrung bändige, und
sie von Ausschweifung und Irrthum abhalte, daß auch die
ganze Philosophie der reinen Vernunft blos mit diesem
negativen Nutzen zu thun hat. Wo, wie in der reinen
Vernunft, ein ganzes System von Täuschungen
und Blendwerken angetroffen wird, die unter sich
wohl verbunden und unter gemeinschaftlichen
Principien vereinigt sind: da scheint eine ganz
eigne und zwar negative Gesetzgebung erforderlich zu seyn, welche unter dem Namen einer Disciplin,
aus der Natur der Vernunft und der Gegenstände ihres
reinen Gebrauchs gleichsam ein System der Vorsicht
und Selbstprüfung errichte, vor welchem kein falscher vernünftelnder Schein bestehen kann, sondern sich sofort, unerachtet aller Gründe seiner Beschönigung, verrathen muß."*)

Die reine Vernunft, dem Hange nach eine
Semper Augusta, soll also disciplinirt werden:
von wem? Von ihr selbst? Wie kann die alte
und immer junge Verführerinn, Mutter so vieler Täuschungen und Blendwerke, sich selbst ziehen und bessern, da nach dem kritischen System
diese Blendwerke und Täuschungen in ihrer Natur liegen. Der transscendentere Zuchtmeister
der transscendirenden Vernunft ist also niemand
als der kritische Philosoph selbst, in dem die
reine disciplinirende Vernunft substanziell, habituell, allgültig wohnet.

„Die

---

*) S. 739.

„Die Disciplin der reinen Vernunft im dogmatischen
Gebrauche.

„Reine Vernunft hofft im transscendentalen Gebrauch
sich eben so glücklich und gründlich erweitern zu können,
als es ihr im mathematischen gelungen ist, wenn sie vor-
nemlich dieselbe Methode anwendet. Es liegt uns
also viel daran, zu wissen, ob die Methode, zur apodiktischen Gewißheit zu gelangen, die man mathematisch
nennt, mit derjenigen einerley sey, womit man eben dieselbe Gewißheit in der Philosophie sucht, und die daselbst
dogmatisch genannt werden müßte.“

„Die philosophische Erkenntniß ist die Vernunfterkenntniß aus Begriffen, die mathematische aus der Construktion der Begriffe. Einen Begriff aber konstruiren heißt, die ihm korrespondirende Anschauung a
priori darstellen.“ *)

Dieser Unterschied, aus dem fortan alles
abgeleitet wird, hilft so wenig dem Uebel ab,
daß er auch nicht einmal den Punkt trifft, der
Mathematik und Philosophie scheidet. Auch die
Philosophie konstruirt Begriffe, zwar nicht durch
Linien oder andere mathematische Zeichen, aber
durch Worte. Sind diese bestimmt und verständlich, warum sollte mittelst ihrer der anerkennende Verstand und die aussprechende Vernunft sich nicht Begriffe konstruiren? Entsprang
nicht eben jener falsche Schimmer der trans-

H 4   scen-

---

*) S. 741.

scendenten Vernunft, der in Amphibolieen, Pa=
ralogismen und Antinomieen umherlief, daher,
weil die Transscendentalphilosophie ein Nichts
als Etwas, d. i. unbestimmte Zeichen als Be=
griffe übel konstruirte? Daßegen ist die mathe=
matische Erkenntniß eben so wenig aus der
Construktion, als die philosophische; aus
Anerkennung konstruirter oder konstruibler
Begriffe entspringen beyde, ja es giebt Fälle
in der Mathematik, da ich die Wahrheit der
Sätze apodiktisch erkenne, ob ich sie gleich nicht
konstruiren kann; und Gegentheils Fälle, da
die Construktion dem Begriff zu widersprechen
scheint, der dennoch apodiktisch gewiß ist.

„Die philosophische Erkenntniß betrachtet also das Be=
sondere nur im Allgemeinen; die mathematische das All=
gemeine im Besondern, ja gar im Einzelnen, gleichwohl
doch a priori.“ *) Auch die Philosophie betrachtet
das Allgemeine im Besondern, indem sie Jenes
auf Dieses bezieht; auffer solchem Bezuge ist
ihr das Allgemeine müßig; wie anderntheils
Mathematik am Besondern das Allgemeine er=
kennet, ohne sich darum zu kümmern. Es ge=
schieht dort wie hier Eine Handlung der Seele:
Ueberhaupt kann das Allgemeine, wenn es kein
leeres Wort seyn soll, nur am Besondern, das
Beson=

----

*) S. 742.

Befondre nie ohne ein Allgemeines philofophifch
gedacht werden.

„In dieſer Form, (daß ich philoſophiſch das Beſondre
nur im Allgemeinen, mathematiſch das Allgemeine im Beſondern und Einzelnen betrachte) beſteht alſo der weſentliche
Unterſchied dieſer beyden Arten der Vernunfterkenntniß und
beruhet nicht auf dem Unterſchiede ihrer Materie oder Gegenſtände. Diejenigen, welche Philoſophie von Mathematik
dadurch zu unterſcheiden vermeynten, daß ſie von jener ſag-
ten: ſie habe blos die Qualität, dieſe aber nur die
Quantität zum Objekt, haben die Wirkung für die
Urſache genommen. Die Form der mathematiſchen Erkenntniß iſt die Urſache, daß dieſe lediglich auf Quanta
gehen kann.‟*) Da keine Form ohne Materie
denkbar iſt; ſo gehet Mathematik ihrer Natur nach auf quanta, d. i. aufs Maaß der
Dinge. Wo ein ſolches ſtatt findet, treibet
ſie ihr Werk und würde es treiben, geſetzt, daß
ſie ihre Begriffe auch nicht in der Form, wie
ſie es thut, konſtruirte. Da aber Maaß im
Unermeſſenen jeder Art ſchlechthin unſer Begriff iſt, den wir nach Belieben konſtruiren
mögen, ſo geſchieht es im Raum darſtellend;
in Zahlen und der höhern Analyſe nicht alſo.
Als dieſe erfunden wurden, d. i. als ein neues
Maaß des Unendlichen an die Dinge gelegt
ward, ſtand den Erfindern ihre Symbolik frey;

$\mathfrak{H}$ 5

zum

---

*) S. 742.

zum Theil bezeichneten und bezeichnen Britten
und Deutsche noch jetzt anders. An der Ma=
terie entsprang die Form, obwohl vom Ver=
stande erfunden. Wenn einige den Begriff der
Philosophie blos auf Qualität einschränkten,
so thaten sie übel: denn alle Begriffe des
menschlichen Verstandes, sie mögen Daseyn,
Eigenschaften, Ursache, Wirkung, selbst Maaß,
Zahl, Sprache oder jedes andere Symbol be=
treffen, sind im Gebiet der Philosophie. Da=
gegen mißt Mathematik; sie betrachtet
nicht, sondern anerkennet und bestimmt
Maasverhältnisse in Allem Meßbaren, d. i.
im unermessenen All Alles.

„Nur der Begriff von Größen läßt sich konstruiren,
d. i. a priori in der Anschauung darlegen; Qualitäten
lassen sich in keiner andern als empirischen Anschauung
darstellen; daher kann eine Vernunfterkenntniß derselben nur
durch Begriffe möglich seyn.“*) Auch bey Quantis
kann eine Vernunfterkenntniß anders nicht als
durch Begriffe statt finden; denn Verhältnisse
sind Begriffe; und wenn sich Qualitäten in kei=
ner andern als der empirischen Anschauung dar=
stellen ließen, so hinderte dies ihre Construktion
als Begriffe nicht. Da sich aber nicht alle
Qualitäten in empirischer Anschauung, d. i.
sinnlich

---

*) S. 742.

sinnlich darstellen lassen müssen: (es giebt
Eigenschaften und Verhältnisse, die die Ver=
nunft als Abstrakta anerkennt, Begriffe höherer
Art, die dennoch völlige Gewißheit haben;)
da auch nicht Größe allein und nicht jeder
Begriff von Größen sich in der Anschauung
darstellen läßt; (ein großer Theil der höheren
Analyse stellt ihre Größen in keiner Anschauung
dar,) so sieht man, daß anschauliche Darstell=
barkeit das Wesen der Sache nicht erschöpfe.
Wahre Verstandes = und Vernunftbegriffe wer=
den der Seele ursprünglich an den Gegenstän=
den selbst, abgeleitet und erhöht in richtigen
Worten, anerkennbar, welches mehr ist als
anschaubar oder angaffbar. Alle diese
Unterschiede, flach gegriffen, geben falsche Dis=
paraten. Z. B. „die Philosophie handelt eben sowohl
von Größen als die Mathematik, von der Totalität, Un=
endlichkeit u. f." Sie handelt davon, aber nicht
wie die Mathematik handelt. „Die Mathematik
beschäftigt sich auch mit dem Unterschiede der Linien und
Flächen als Räumen von verschiedner Quali=
tät, mit der Continuität der Ausdehnung als einer Qua=
lität derselben." Linien und Flächen als Räume
von verschiedner Qualität sind undenkbar;
wie ist Raum von Raum in Qualität unter=
schieden? Und wäre ers, so wird dieser Unter=
schied so wenig ein Geschäft der Mathematik,

als

als im Continuum der Ausdehnung jemals
die Qualität derselben, (sofern sie nicht die
Größe verändert,) ein Gegenstand der Mathe=
matik wird. Im Ausgedehnten zeichnet sie Ver=
hältnisse, unbekümmert, ob das Continuum von
Gold, Eisen oder ein Nichts sey.

Unnütz und langweilig wäre es, die weitern
Behauptungen der kritischen Philosophie vom
Begriff der Mathematik und ihrem Unterschiede
von der Philosophie zu durchgehen; zumal allen
der Radikal=Mißbegriff zum Grunde liegt, als
ob sichtliche Construktion die Sache erschöpfe.
Erweitern wir also lieber den Gesichtskreis und
fragen:

Giebt es eine Disciplin der reinen Ver=
nunft? welches ist sie? und wodurch
wird dieselbe?

1. Da Disciplin hier Zurechtweisung, Zucht
heissen soll, so verdiente die Vernunft ihren
Namen nicht, wenn sie als Richterin sich nicht
selbst disciplinirte. Oder würde sie als Bau=
meisterinn betrachtet, so kann sie freylich mit
schlechtem Baugeräth nicht anders als schlecht
bauen; ihr Diener, der Verstand aber, mit
seinen Dienern, den Sinnen und der Einbil=
dungskraft, muß die Macht haben, ihr besseres

Geräth

Geräth zu liefern, und sie selbst muß vermö=
gend seyn, anzuerkennen, daß sich mit
Schlechtem nichts Gutes bauen lasse. Kann
sie dies nicht, so ist bey ihr alle Schul= oder
Kriegszucht vergebens.

2. Die Rivalität zwischen der Philosophie
und Mathematik in Ansehung gethaner Fort=
schritte ist ein leerer, jetzt ziemlich abgekomme=
ner Streit. In beyden Wissenschaften kam es
auf Umstände an, die sie weckten oder hinder=
ten; jede aber gieng ihres Weges. Die Ma=
thematik mißt, zählt, berechnet. Da mit Ge=
nauigkeit nichts ohne sie konstruirt werden kann,
so fand sie nicht nur in allen Bedürfnissen des
Lebens, im Mordzeuge des Kriegs selbst, ihre
Werkstätte; sondern da Alles in der Natur nach
Maas, Zahl und Gewicht geordnet ist, so stel=
len Sonne und Mond, Himmel und Erde ihr
ein ununterbrochenes Schauspiel von Bewegun=
gen dar, mit dem Zuruf: „miß! zähle! wäge!“
Die Schiffs= und Kriegskunst, an denen in
unserm politischen Zustande beynah alles hängt,
samt ihrer unterirrdischen Schwester, der
Bergwerkskunde, neben ihnen die vermehrten
Bedürfnisse des Lebens, der wetteifernde Han=
del, endlich die Kunst fast jedes kleinsten Ge=
werbes, fordern unaufhörlich auf, Raum, Zeit
und Kraft dem Gedanken gehorsam zu machen,

das

das Meiste mit dem Mindesten, das Größeste mit dem Kleinsten zu verrichten. Da nun nach einigen großen Erfindern des vierzehnten bis sechzehnten Jahrhunderts der menschliche Geist einmal auf diesem Wege vorgedrungen war, schritt er in den beyden folgenden Jahrhunderten mächtig weiter, und wird weiter schreiten: denn das Maas aller Dinge, auch in der nächsten Anwendbarkeit für Menschen, ist nie vollendet. Ausserdem geht die Mathematik, wie jede andre sichre und höhre Kunst, gleichsam dem Instinkt zur Seite. Als Talent meldet sie sich sehr bestimmt an, überwindet Hindernisse und schreitet zum Werk; so lange es Bienen giebt, wird es auch Bau= und Meßkünstler geben.

3. Die Philosophie nahm einen andern Weg; nicht weil sie einen andern Vernunftgebrauch oder gar eine eigne transscendentale Vernunft= form erfordert; sondern weil ihr ein weiteres, tieferes Feld der Begriffe zukommt. Mit Maas, Zahl und ihren bestimmten Zeichen kann die Mathematik, so lange Mond und Sonne in ihrem Lauf fortgehn, ihr Geschäft treiben. Die ältesten und neuesten Bemühungen der Mathe= matiker knüpfen sich aneinander: denn Maas und Zahl bleiben immer dieselbe. Die Philo= sophie hingegen, die das Daseyn der Dinge,

ihre

ihre Eigenschaften, ihr Aehnliches und Unähn=
liches, ja tiefer hinein Urfache und Wirkungen
erforfchen und bey allediefem auch das Maas
nicht vernachläßigen foll, das in ihrem Gebiet
verfteckter lieget, und dennoch jedem Dinge zu=
kommt, ohne Zweifel hat fie ein ungleich fchwe=
reres, längeres, vielartigeres Gefchäft, als jene
ihre, nur Größen = beftimmende Schwefter.
Nicht mit Einer Kategorie umfaßt fie die
Dinge; in allen Kategorien, die des Maaßes
felbft nicht ausgefchloffen, dazu in allen Rück=
fichten und Anwendungen vom höchften bis zum
geringften Gebrauch des Lebens, findet fie ihr
Werk. Alle Gegenftände der Welt foll fie kon=
ftruiren, fo weit die Natur, ihre Meifter= und
Schülerinn, ihr unumfchränkter Herr und ihr
folgfamfter Diener reichet. Wer alfo die Ma=
thematik, weil fie an viele Wiffenfchaften ge=
legt wird, und die Philofophie, die alle diefe
Wiffenfchaften felbft in fich begreifet, an Inn=
halt und Umfang gleichfetzt, thut eben fo viel,
als wenn er das Maas, das an einen Men=
fchen gelegt wird, dem Innhalt und der gan=
zen Befchaffenheit diefes Menfchen in allen
Rückfichten gleichfetzte. Alle Wiffenfchaften und
Künfte, die Mathematik felbft, umfaffet die
Philofophie; ihr Gebiet ift unendlich.

4. Und

4. Und dennoch ist ihre Bezeichnung so vie=
len Schwierigkeiten unterworfen: denn sie kon=
struirt Begriffe durch Worte. In diesen un=
terscheiden sich nicht nur Völker und Zeiten,
sondern auch einzelne Menschen so unläugbar,
daß ja eben diese einzelne Worthaber mit ihrer
anmaaßenden Wortherrschaft ins Gebiet der
Vernunft jederzeit die größte Verwirrung brach=
ten. Mißverstandene, halb= oder unrechtaufge=
nommene Begriffe monopolisirten sie; ein fal=
sches Metall ward oft als Gold gestempelt.
Und es lief Jahrhunderte umher; ihre Schüler
zankten blutig darüber, bis wiederum ein an=
derer unternehmender Geist aufstand, der viel=
leicht nicht mit größerm Scharfsinn, aber mit
glücklicherem Trotz neue Wortmünze in Um=
lauf brachte. Jetzt hatte man der alten satt;
abgegriffen war sie unkenntlich geworden, und
die neue, vielleicht schlechtere an Werth, glänzte.
Mit jedem verrufenen System sind wahre und
schöne Ideen zu Grunde gegangen; und nur
ein Geist, wie Leibniß, der in allen Syste=
men das Wahre und Nützliche schätzte, (wie
wenige sind dergleichen zu allen Zeiten!) ver=
dient den Namen eines ächt philosophischen
Geistes.

5. Ungeachtet dieses großen Hindernisses
aber, daß die Philosophie ihre Begriffe mittelst

unbe=

unbestimmter veränderlicher Worte konstruirt,
ist sie bey weitem nicht rückwärts gegangen,
sondern, wenn man, wie es seyn muß, ihren
Umfang mit berechnet, schritt auch sie vor.
Und wodurch schritt sie vor? Dadurch, daß sie;
gleich der Mathematik, einen neuen Calkul gewann, die Landessprachen. So lange man
in ihr ein griechisch Latein redete, das weder Aristoteles noch Cicero hätten verstehen mögen, schleppte man den alten Trödelkram miß-
verstandner Abstraktion fort, und zwang den
Geist in diese verlebte Wortformen. Sobald
man aber in seiner Sprache zu denken wagte,
ließ sich der gesunde Verstand nicht überwältigen; er warf die fremden Wortlarven ab, anerkennend seine Begriffe in seiner Sprache. *)

6. Da

---

*) Auch hier war Luther für uns Deutsche ein hoch-
verdienter Mann. In einer männlichen Verstandessprache machte er der Philosophie Raum; er stürzte
auf dem Felde, das er tapfer bearbeitete, die Scholastik.
Man gieng ihm nicht nach, wie man hätte thun sollen; im Gebrauch der Landessprache kamen Frankreich
und England uns weit voran. Zu lieb war den Schulen die scholastische Transscendentalphilosophie, bis nebst
andern, (Thomasius z. B.) Leibniz den großen
Sinn hatte, bey der genauesten Technologie die Philosophie

6. Da seit Des=Cartes und Leibniß
Philosophie und Mathematik, wie es seyn soll,
vereint getrieben wurden, glaubten einige, die
äussere Euklidische Form sey der Philosophie
günstig. Hatten sie daran Unrecht? Sie hat=
tens, wenn sie dachten, daß mit der äussern
Form, auch übel angewandt, Alles gethan sey;
war aber wohl Jemand so schwach, dies zu
denken? Methode heißt Lehrart; Unterschied

und

---

losophie des Verstandes und der Vernunft zur verständ-
lichen Philosophie zu machen, wie es seyn sollte. Er
selbst zeichnete nur Risse, meistens in fremden Sprachen, aber für alle Wissenschaften gleich philosophisch.
Niemand ehrte den Scholasticismus mehr als Er, niemand aber verwarf auch bestimmter als Er dessen leere
Wortformen. Daß Wolf, obgleich mit eingeschränk-
terem Geiste, seine Philosophie in verständlichem
Deutsch schrieb, gereicht ihm zu seinem größesten Verdienst; dadurch und durch Uebersetzungen aus andern
Sprachen oder durch das Lesen fremder philosophischer
Schriften ist der Geist der Deutschen etwas gelichtet
worden; sonst säßen wir noch auf den Schulbänken alter Quidditäten und Hocceitäten. Jedem System, das uns in neuen Wortformen diese alte Nacht
wiederbringt, sollen wir, der Ehre unsrer Nation halben, entgegen treten: denn nichts lähmt den Verstand
mehr als das Nachplappern dunkler Formen. Mit welcher Mühe wurden sie drey Jahrhunderte lang aus dem
schweren Gehirn der Grübler allmählich verscheuchet!

und Ordnung also, **Beſtimmung** wollten ſie
ihren Lehrſätzen durch dieſe Methode geben;
war dieß unrecht? Daß kein Satz für etwas
anders genommen würde, als was er ſeyn ſollte,
daß keiner an unrechtem Orte ſtünde und ſich
eine falſche Gewißheit anmaaßte, dies war Zweck
des mathematiſchen Lehrvortrages; war er, recht
gebraucht, verwerflich? Der kritiſchen Philo=
ſophie wäre freylich dieſe Methode ein Fegfeuer,
und vielleicht noch mehr.

7. Längſt iſts erwieſen, daß das Weſen der
mathematiſchen Lehrart **Gründung in Prin=
cipien, deutliche Beſtimmung, Ablei=
tung und Ordnung der Begriffe** ſey: *)
ſind dieſe nicht auch ohne artikulirte Benennung
Erforderniſſe jedes gründlichen, ordentlichen
Lehrvortrages? Soll der Name „diskurſive‟
Philoſophie bedeuten, daß, wie im Diskurs,
durch ein Umherwandeln in der Rede alles ge=
than ſey; ſo gebt uns ſtatt ſolcher Diskurſe
lieber den alten ſteifen Dogmatismus wieder,
bey dem man doch, was man las, wußte.

J 2   8. Da

---

*) In mehreren Abhandlungen hat **Käſtner** manche
Mißverſtändniſſe gerügt, die man von mathematiſchen
Begriffen in der Philoſophie oft wiederholen und auch
jetzt wiederkommen ſiehet.

8. Da aber Methode nicht alles ist, son=
dern es auch in ihr auf die erst=erfaßten Be=
griffe und Worte vor allem ankommt, da alle
Jahrbücher der Geschichte es bezeugen, daß
durch Sprachformeln der Philosophie ihr
Unheil gekommen, indem durch sie jene Para=
logismen, Antinomieen, Amphibolieen nach Zeit
und Gegend erzeugt, genährt und erzogen wur=
den; so hat man von etwas mehr als von mathe=
matischer Methode zu reden, wenn es auf eine
Vernunftzucht ankommt. Zucht der speku=
lirenden Phantasie, des Letternwitzes und Wort=
scharfsinns sollte sie heissen; und eben diese
Zucht kann kein andrer als der Verstand und
die Vernunft üben. Zwar hat schon die Zeit
diesen Wortspekulatismus in manchem treflich
discipliniret. Hundert Widerstreite in dialekti=
schen Diskussionen, die einst Ruhm brachten,
an denen, wie man glaubte, das „Interesse der
Vernunft,“ der Wissenschaften und der Menschen=
Glückseligkeit hieng, erregen jetzt Schaam, Ue=
berdruß und Eckel; andrer jetztgeltenden wird
man sich schämen und sie bald zu den Helden=
waffen stellen, die man einst Morgensterne
nannte.

9. Da aber, was die Zeit thun soll, nur
durch Kräfte in der Zeit bewirkt wird: so ver=
walte Vernunft das Amt der Zeit. Keinen
Wort=

Wortlarven gönne man Raum; den falschen
Tief= und Leersinn, wie anmaaßend er sich
auch gebehrde, decke man, (unerschrocken, was
die Menge sage,) auf. Man kommt dadurch
trüben Verirrungen vor, oder hilft ihnen ab,
und vertreibt die Schwere aus Bleybeladnen
Köpfen.

10. Vor allem entferne man den Wahn,
daß eine wissenschaftliche und verständliche Spra=
che Zweyerley sey. Habe jede Kunst, wie jedes
Handwerk, ihre Kunstsprache; der Lehrling
lerne sie und schäme sich ihrer nicht. Jeder
strengen Wissenschaft gebührt die Ihrige; sie
halte darauf mit Genauigkeit und Ordnung;
diese sind ihre Disciplin. Verständig aber
und verständlich muß diese Sprache seyn, d. i.
sie muß in klaren Ausdrücken Begriffe, nicht
leere Formen und Schemen enthalten; sonst ist
sie kein wissenschaftliches, kein Kunstwerkzeug.
Verstand der Sache bewahrt die Vernunft vor
Abwegen nichtiger Spekulation; von innen her=
aus wird sie hiedurch discipliniret. Mit jeder
Entdeckung der Naturgeschichte und Naturlehre
der vergleichenden Anatomie, Astronomie, Che=
mie u. f. hat die falsche Vernunft von ihrem
Trödelkram einen Zierrath verlohren, indem die
wahre Vernunft eine neue Formel der Wahr=
heit gewann. Wenn ringsum junger Frühling

J 3 blühet;

blühet; wer würfe nicht gern den alten leeren
Winterstrohkranz des Transscendentalismus bey
Seite? Diesen Frühling wecke man auf; ja er
ist da, er ist da; wem wäre er unsichtbar?

11. **Philosophire** (sagten die Alten)
aber **kurz und zu rechter Zeit.** Was
soll jungen Leuten, die von der Schulbank kom=
men, jenes Wortgeschwätz transscendentaler
Grillen, das sie weder verstehn, noch anwen=
den, noch prüfen und widerlegen können, mit
desto größerem Enthusiasmus aber aufnehmen,
da sie mit ihm Alles zu haben glauben? Statt
wahren **anerkennenden** Verstand, der sich
nur **an Gegenständen** erproben kann, statt
wahre prüfende Vernunft in ihnen zu stärken,
nimmt der Transscendentalismus ihnen solche,
wogegen er sie mit einem Ruhekissen der Träg=
heit, der stolzen Verachtung des Empirismus,
mit dem Geschmack an Nichtigkeiten und Wort=
gezänk, das die Summe von Weisheit seyn soll,
reichlich versiehet. Alles a priori habend, Ge=
setzgeber aller Natur und Schrift, verachtet er
fortan **wirkliche,** zumal mühsame Kenntnisse,
und dünkt sich, leer wie er ist, einen **kriti=
schen Philosophen.** Diese kritische Leerheit,
diesen Stolz, der sich mit Distinktionen brüstet,
diese Anmaaßung, Natur und Kunst aus sich
entspringen zu lassen, **disciplinire man,**

oder

oder wenn sie indisciplinabel sind, so übe man gegen sie die ächte Kritik und Philosophie der Alten, d. i. aller aufgeklärten Köpfe, die in vergangenen Jahrhunderten lebten; man zeige ihnen, was von jeher (der von ihnen mißgebrauchte Name) wahre, feine, scharfe Kritik war.

12. Was wars, das z. B. im Jahrhundert der Reformation die Philosophasters bändigte und disciplinirte? Noch jetzt nennt man neben den Namen eines Valla, Vives, Luthers, Melanchthons u. f. die sich den Verderbern der Wissenschaften und Lehrart mit Ernst widersetzten, auch die Namen Erasmus, Hutten, Nuenars, Busch und jene andre mit Dank, die die zelosissimos Magistros nostros, qui sciunt arguere pro et contra, den illuminatissimum M. Ortuinum Gratium, Petrum Strausfederium, Jo. Krabacium, Stablerum, Arnoldum de Thungaris und Nicol. Luminatorem disciplinirten. Wer schreibt uns jetzt epistolas philosophorum criticorum, Briefe der kritischen Philosophen in ihrem eignen Styl, sowohl um Jünglinge zu entnebeln, als um von unserer Nation die Schmach abzuwälzen, daß die gesammte Philosophie der Deutschen, (philosophia teutonica) transscendire?

Erin-

Erinnerung.

Bekannt ist's, wie laut die gravitätischen Wahrheitsfreunde dagegen gesprochen haben, daß Scherz mit Ernst, Spott und Wahrheit mit einander nicht vermischt würden. Unzeitig vermischt oder gar verwechselt mit einander dürfen sie nie werden. Wenn sich aber statt der Wahrheit ein ander Ding einstellet, das

1. Wahn *) heißt; gesetzt er stammte auch nur aus humour, d. i. aus dem sich gehen lassen und aus einsamer nie gescholtner Gewohnheit; wer wird es für Feindeshand ansehen, die dem Humoristen den Spiegel vorhält und spricht: „Siehe!" Ein solcher Spiegel ist der leise Sokratische oder Horazische Scherz, der dem Gebehrdenden nur seine eigne Gestalt zeiget:

---

*) Wahn hieß' ehedessen Wohn und heißt in einigen Provinzen noch also. Er ist eine eingebildete Meynung, eine Gedankengewohnheit. Den humour beschreibt Ben Johnson also:

As when some one peculiar quality
Doth so possess a man, tath it doth draw
All his affects, his spirits and his pow'rs
In their constructions, all to run one way
This may be truly said to be a humour.
But that a rook by — should affect a humour!
O it is more than must ridiculous.

zeiget: „so sprichst du: so diskurirst du, u. s." — Würde aber diese possirliche Eigenthümlichkeit

2. Zur Anmaaßung und diese Anmaaßung zur Mode, also daß jeder Höfling Alexanders den Kopf wie sein König trüge und ihn so tragen müßte; wer fühlt nicht, daß der linde Scherz sich hier in einen höheren Scherz, in leisen Spott verwandle? „So wollen Wir ihn nicht tragen, spricht der Mensch mit freygebohrnem Nacken; jeder trage den Seinen, wie die Natur ihn ihm gab." Und je stolzer die Anmaaßung spräche, wenn sie sogar der leerste, ein blos verneinender Dogmatismus, aber mit einer Behauptung würde, als ob es vor und nach ihr keine Hälfe gegeben, und sie das ausschließende Recht hätte, zu bestimmen, wie alle getragen werden müßten; würde der Scherz über diesen allein seligmachenden Dogmatismus, d. i. über eine gebietende und nachgesprochene Nichtsagerey, nicht lauter und lauter?

3. Wenn diese Anmaaßung zur Unduldsamkeit wüchse, so daß jeder, der den Kopf nicht also trägt, eben dadurch des seinigen verlustig, und gerade heraus erklärt würde, daß Jeder, der ihn nicht also getragen, nie eines Kopfs werth gewesen. Wenn der Sultan eines

neuen

neuen Reichs daſſelbe dadurch begründete, daß
er nicht nur ſeine Brüder, ſondern ſeine Vor=
gänger in den Gräbern des etwa noch ſchei=
nenden Lichts ihrer Augen beraubte, weil von
jetzt an das Licht aufgehen müßte; verwandelte
ſich nicht ohne Willkühr, aus innerem Zwange,
der hellere Scherz in einen mißbilligenden
Spott? Denn welcher Sterbliche oder Ge=
ſtorbene verliert gern das dunkel = oder hell=
ſcheinende Licht ſeiner Augen?

4. Würden ſolcher Intoleranz ſogar Tri=
bunale errichtet, denen dieſe Affektation und
Anmaaßung, dieſe gebietende Nichtsſagerey die
gewöhnliche Rechts = und Urtheilsſprache wäre;
würfen ſich dieſe Tribunale unberufener, unbe=
glaubigter Geheimrichter zu Inquiſitoren aller
Köpfe blos und allein in Vollmacht ihrer Let=
tern=Beſorger auf; bemächtigte ſich dieſe
Affektation und Anmaaßung, dieſe gebietende
Nichtsſagerey und Inquiſitionskabale öffentlicher
Lehrſtühle, um eine unerfahrne feurige Jugend
vielleicht auf ihre Lebenszeit zu verwahrloſen;
wem verwandelte ſich hierüber ſein leiſer oder
lauter Spott nicht in laute Rüge mit Hohn
und Verachtung? Der ſchärfſten kritiſchen
Philoſophie gemäß, in aller Menſchen Herz ge=
ſchrieben, iſt dieſe

Kategorie des Scherzes und Spot=
tes.   1.

1.
Wahn und Affektation
erweckt und verdienet
Scherz.

2.
Stolze Anmaaßung
lauten Scherz.

3.
Anmaaßende
Intoleranz
mißbilligenden
Spott.

4.
Geheime Inquisitionsgerichte
und Kabalen
lauten Hohn, rügende Verachtung.

Die Geschichte der Zeiten bestätigt diese Kategorie durch einen unwiderstehlichen Empirismus. Gegen die Sophisten sprachen Sokrates und seines Gleichen ironisch; gegen anmaaßend stolze Sektirer Lucian und seine Nachfolger mit lauter lachendem Scherz. Ueber die verfolgende Intoleranz schrieb Butler seine Knittelreime, andere ihre schärferrächenden Verse, und über jede Kabale Swift mit höhnender Verachtung. Wie ein Riese des Verstandes ragte er über die Kabalen seiner Zeit, und ragt noch über die unsren hinüber. Lasset uns eine Probe seiner reinen Vernunft=Disciplinirung hören:

Swift

Swift

über den Ursprung neuer Schemen in der Philosophie und ihre mächtige Verbreitung. *)

„Demnach lasset uns die großen Einfüh-
„rer neuer Schemen in der Philoso-
„phie untersuchen, und ausfinden, aus wel-
„chem Vermögen der Seele die Disposition
„entstehe, daß sterbliche Menschen sich derglei-
„chen in den Kopf setzen, und zwar mit so
„bitterem Eifer, in Dingen, die nach Jeder-
„manns Eingeständniß für uns unerkennbar
„sind? aus welchem Keim diese Disposition
„erwachse? und welcher Qualität der mensch-
„lichen Natur diese großen Neuschöpfer den
„Zulauf ihrer Schüler verdanken? Zumal es
„bekannt ist, daß verschiedene dieser Anführer
„sowohl unter Alten als Neuern von ihren
„Gegnern gewöhnlich und in der That von
„Jedermann ausser ihren Anhängern für Leute
„genommen wurden, mit denen es nicht rich-
„tig stünde, da sie überhaupt im gemeinen Lauf
„der Worte und Handlungen nach einer Me-
„thode vorschritten, die von den gewöhnlichen
„Dictaten der unverfeinten Vernunft sich
„sehr entfernte, dagegen aber in ihren ver-
„schie-

---

*) Tale of a Tub. Sect. 9. A digreſſion concerning
the original, the uſe and improvement of mad-
neſſ in a commonwealth.

„ſchiednen Modellen mit ihren unbezweifelten
„Nachfolgern in der * * Akademie ſehr über=
„einſtimmten. Von dieſer Art waren * * * * *,
„die, wenn ſie jetzt, auf Einem Haufen, jedoch
„ohne ihre Anhänger, aufträten, in unſerm
„nicht = unterſcheidenden Zeitalter offenbar Ge=
„fahr liefen, daß man ihnen Aderläße verord=
„nete oder ſie gar in dunkele Kammern bannte.
„Denn welcher Menſch im natürlichen Zuſtande
„oder Gedankenlauf ließe ſichs einkommen, daß
„er es in ſeiner Macht habe, die Begriffe des
„ganzen Menſchengeſchlechts ſämmtlich und ſon=
„ders genau auf die Länge, Breite und Höhe
„der Seinigen zu reduciren? und doch iſt
„dies die erſte demüthige und höfliche Abſicht
„aller Innovators im Reich der Vernunft.
„Beſcheiden hofft Epicur, daß ein= oder ein
„andermal ein gewiſſes ungefähres Zuſammen=
„treffen der Meynungen aller Menſchen, nach
„einem fortwährenden Geſtöß des Spitzigen und
„Glatten, des Leichten und Schweren, des
„Eckigten und Runden durch gewiſſe Clina=
„mina die Begriffe des Leeren und der Atome
„ſo vereinen würde, wie dieſe ſich im Anbeginn
„der Dinge vereinten. Carteſius rechnete
„darauf, es noch vor ſeinem Ende zu erleben,
„daß die Meynungen aller Philoſophen, gleich
„ſo manchen kleineren Sternen ſeines romanti=
„ſchen Weltſyſtems, in ſeinen eignen Wirbel
„gezogen und von ihm weggeführt werden wür=
„den. Nun möchte ich gern darüber belehrt

„ſeyn,

„ſeyn, wie es möglich ſey, über dergleichen Ein=
„bildungen einzelner Männer Auskunft zu ge=
„ben, ohne daß man auf mein Phänome=
„non von Vapeurs zurückkomme, die, aus
„den untern Kräften aufſteigend, das Gehirn
„umwölken, und ſich da in Conceptionen auflöſen,
„für die unſre enge Mutterſprache bis jetzt noch
„keinen andern Namen hat, als — Wahnſinn.“

„Dem zufolge müſſen wir jetzt auch unterſu=
„chen, wie es komme, daß es keinem dieſer groſ=
„ſen Vorſchreiber je fehlen könne, ihm ſelbſt und
„ſeinen Notionen eine Menge Schüler zu ver=
„ſchaffen, die implicite glauben. Und davon,
„dünkt mich, iſt die Urſache leicht anzugeben.
„Es giebt eine beſondere Saite in der Harmonie
„des menſchlichen Verſtandes, die in verſchiede=
„nen Individuen genau denſelben Ton giebt.
„Verſtehſt du dieſe recht zu ſtimmen und dann
„ſanft anzuſtreichen; haſt auch das Glück, zwi=
„ſchen Inſtrumenten von gleicher Höhe den Ton
„anzugeben; ſo tönt durch eine geheime noth=
„wendige Sympathie zu gleicher Zeit jedes In=
„ſtrument nach. In dieſem einzigen Umſtande
„liegt bey der ganzen Sache die Kunſt und das
„Glück. Denn ſtreiche die Saite an zwiſchen
„Inſtrumenten, die über oder unter der Höhe
„der Deinigen ſind; ſtatt deinem Syſtem zu
„unterſchreiben, werden ſie dich binden, toll
„nennen und mit Brod und Waſſer füttern.
„Es iſt daher ein Punkt delikater Führung,
„unterſcheiden zu können, und dies edle
„Talent

„Talent mit Rücksicht auf die Verschiedenheit
„der Personen und Zeiten zu fügen. Cicero
„verstand dies sehr wohl, wenn er an einen
„Freund in England schrieb: „Freue dich, daß
„du in Gegenden gekommen bist, wo man dich
„für etwas hält." Denn, gerade heraus
„zu sprechen, es ist doch immer eine fatale
„Mißlage, sich so übel eingerichtet zu haben,
„daß man in der Einen Gesellschaft für einen
„Philosophen, in der andern für einen Narren
„gilt; welches ich einigen Herren von meiner
„Bekanntschaft, als ein wohl zu beobachtendes
„innuendo, beflissen ans Herz lege."

„Das Gehirn in seiner natürlichen Lage
„und Heiterkeit disponirt seinen Eigenthümer,
„sein Leben ordentlich fortzuleben, ohne sich den
„Gedanken ankommen zu lassen, daß man sei=
„ner Macht, seiner Vernunft, seinen Vi=
„sionen eine Menge andrer unterwerfen müsse;
„ja, je mehr ein Mensch seinen Verstand nach
„Mustern humaner Wissenschaft gestaltet, desto
„weniger ist er geneigt, seinen Partikularno=
„tionen Parthey zu machen, weil eben jenes
„Studium ihm sowohl seine eigne Schwäche
„als die hartnäckige Unwissenheit des Pöbels
„zeiget. Geht aber eines Mannes Phantasie
„mit seiner Vernunft durch, gerathen Einbil=
„dung und Sinne so auf einander, daß der
„gemeine Verstand sowohl als der gemeine Sinn
„zur Thür hinausgeworfen werden: so ist der
„erste Proselyt, den er macht, Er selbst, und

„ist

„ist dies geschehen, so ist die Schwierigkeit nicht
„groß, auch andre Proselyten hinüberzukriegen;
„eine feste Bethörung wirkt eben so kräftig von
„auffen hinein, als von innen hinauswärts.
„Wortspitzen und Anschauungen (cant and vision)
„sind dem Ohr und Auge das, was das Kitzeln
„dem Gefühl ist. Solcherley Unterhaltungen und
„Vergnügen dupiren uns angenehm wie Ta-
„schenspiele. Denn wenn wir genau untersu-
„chen, was man überhaupt Glückseligkeit
„nennt, sofern es sowohl auf den Verstand als
„auf die Sinne Beziehung hat, so werden wir
„alle seine Eigenthümlichkeiten und Adjuncta
„unter die kurze Definition zusammenstellen kön-
„nen: Glückseligkeit ist ein dauerndes
„Besitzthum, wohl betrogen zu wer-
„den. In Ansehung des Verstandes ists of-
„fenbar, was für mächtige Vortheile Dichtung
„über die Wahrheit hat; die Ursache liegt uns
„auch vor der Hand, weil Einbildung Scenen
„bauen und Revolutionen hervorbringen kann,
„die Glück und Natur aus ihren Mitteln zu
„gewähren nicht vermögen, u. f.“

———— ————

14. Vom

Vom
Kanon der Vernunft.

Imgleichen
vom
Meynen, Wissen und Glauben.

Und von der
Sphäre menschlicher Erkenntnißkräfte.

Zweyter Theil.   R

„Die Disciplin der reinen Vernunft in Ansehung ihres
polemischen Gebrauchs." *)

Die wahre Vernunft streitet nicht; sie erkennet und wendet an. Die Richterinn zum Kriegs-
knecht discipliniren, ihr eine natürliche Streit-
sucht, also auch einen ewigen Streit ansinnen,
heißt, sie erniedern. Der Richter nimmt keine
Parthey; er vernimmt alle Partheyen und entscheidet.

„Ein Schlachtfeld, auf welchem Luftfechter sich mit
ihrem eignen Schatten herumbalgen, wo die Schatten, die sie
zerhauen, wie die Helden in Walhalla in einem Augenblick
wieder zusammenwachsen, um sich aufs neue in unblutigen
Kämpfen belustigen zu können, **) ist eine Aussicht,
womit man wenigstens die akademische Unter-
weisung verschonen sollte. Kein Krieg wird ge-
führt, als in Absicht des Friedens; je früher die
Partheyen übereinkommen, desto mehr erweisen
sie ihrer Vernunft Ehre. Das Amt des Richters, da er Partheyen verständiget und zu
beyder Wohlgefallen ihren Streit schlichtet,
heißt nobili judiciis officium, das edle Amt
des Richters.

K 2   Wo

---

*) S. 766. — 767.　　**) S. 784.

Wo Disciplin die Vernunft in Ansehung
ihres polemischen Gebrauchs im Zaum halten
muß, ist sie eine Sklavinn; keine reine freye
Vernunft mehr. Worte entzweyen; halbverstan=
dene Begriffe, schief oder zu rasch genommene
Schlüsse verwirren; Anmaaßungen, Stolz,
Prätensionen, erbittern. Verstand und Vernunft
also, sofern sie diese Fehler enthüllen, Worte
bestimmen, Mängel ergänzen, sie enden den
Streit und schlichten. *)

„Der

---

*) Die beyden folgenden Abschnitte „Disciplin der Ver=
nunft in Ansehung der Hypothesen und Beweise“ sa=
gen nichts, was nicht anderswo schon bestimmter und
besser gesagt wäre. Eigentlich ists auch nicht die Ver=
nunft, die Hypothesen erdichtet; eine mit Verstandes=
und sinnlichen Kenntnißen versehene Einbildungskraft
entwirft sie und die Vernunft soll sie richten.

„Der

„Der transscendentalen Methodenlehre
Zweytes Hauptstück.

Kanon der reinen Vernunft." *)

„Wo kein richtiger Gebrauch einer Erkenntnißkraft möglich ist, da giebt es keinen Kanon:
denn dieser ist der Innbegriff der Grundsätze a priori des
richtigen Gebrauchs gewisser Erkenntnißvermögen überhaupt. So war die transscendentale Analytik der Kanon
des reinen Verstandes: denn der ist allein wahrer synthe-
tischer Erkenntnisse a priori fähig. Nun ist aber alle synthetische Erkenntniß der reinen Vernunft in ihrem spekulativen Gebrauch gänzlich unmöglich; also giebts gar
keinen Kanon des spekulativen Gebrauchs
derselben, (denn dieser ist durch und durch dialektisch) sondern alle transscendentale Logik ist durch und
durch Disciplin." **)

Eine Erkenntnißkraft, bey welcher kein
richtiger Gebrauch möglich ist; eine reine
Vernunft, deren Gebrauch durch und durch
dialektisch, d. i. Zanksüchtig und rechthabe-
risch ist, die keinen Kanon hat noch haben
kann, wohl aber einer vierfachen Disciplin bedarf, die bey der Disciplin keines Kanons,
die ohne Kanon der Disciplin fähig ist; wäre
es zu kühn, wenn wir Behauptungen der Art
geradehin irrationelle Grundsätze in gram-

K 3   mati-

---

matikalisch-logischem Sinn nennten? So insulti-
ren sollte man die menschliche Vernunft auch
nicht in Scherzen und Paradoxen.

Der Kanon des Verstandes war: „verstehe!" der Kanon der Vernunft ist: „ver-
nimm!" Nicht aber: „dialektisire, streite,
hadre; oder gar vernüftle!" Eines Mißbrauchs
wegen, der durch eine Welt von Umständen
veranlasset ward, den ächten Gebrauch und die
Natur unsres edelsten Vermögens aufheben,
heißt mehr als durch eine Bulle in cœna die
gesammte Menschen-Vernunft exkanonisi-
ren. *)

Auch wird sie in ihre Rechte nicht eingesetzt,
wenn man ihr eine andre, die sogenannte praktische Vernunft, und zwar mit drey Gegenständen

1. „Der Freyheit des Willens,
2. Der Unsterblichkeit der Seele,
3. Dem Daseyn Gottes,

als der End-Absicht, **) worauf die Spekulation der Vernunft im transscendentalen Gebrauch zuletzt doch hinausläuft,"
sub-

---

*) Uebernehme es ein andrer, nicht demüthige Ausflüchte
der menschlichen Vernunft, sondern standhafte Beleh-
rungen über einen Wahn (une raison sans raison)
einzugeben, der durch sich nichts ist.
**) S. 826.

ſubſtituiret. Denn zu geſchweigen, daß in der Methodologie vom Innhalt der Erkenntniſſe abſtrahirt werden ſollte; zu geſchweigen, daß ohne theoretiſche keine praktiſche Vernunft ſtatt findet, ſo erhellet gar nicht, weßhalb die Vernunft in dieſe d r e y G e m e i n p l ä ß e beſchränkt, an drey Wörter gebunden, eine Diſputantinn über drey Katheberfragen ſeyn und bleiben müßte. Werden dieſe Katheberfragen endlich ſogar drey Kanzelfragen, über welche: „was glaubſt du? wie lebſt du? was hoffeſt du?" nach jedem Evangelium einſt Jahrgänge von Predigten gehalten wurden:

1. „Was kann ich wiſſen?
2. Was ſoll ich thun?
3. Was darf ich hoffen?.

in welchen Fragen alles Intereſſe der Vernunft, das ſpekulative Intereſſe ſowohl als das praktiſche ſich vereinigt:" *) ſo wird die theoretiſche Vernunft nicht anders antworten können, als:

1. W i ſ ſ e n kann ich, was für mich erkennbar iſt.
2. T h u n ſoll ich, was aus dieſem Wiſſen für mich folget.
3. H o f f e n darf ich, was ſich hoffen läßt. Und ſo ſtehen wir, wo wir waren.

K 4   Der

---

*) S. 833.

Der exkanonisirten reinen Vernunft folgt
ein Abschnitt

„Vom Meynen, Wissen und Glauben.“

Der Sprachgebrauch fast jedes Worts ist
darinn verändert.

1. „Fürwahrhalten.“

Das Fürwahrhalten soll seyn „eine Be-
gebenheit in unserm Verstande, die auf objektiven
Gründen beruhen mag, aber auch subjektive Ursachen im
Gemüth dessen, der da urtheilt, erfordert.“ *)
Die innigste Handlung eines Verstandes, der
Wahrheit erfasset, d. i. für wahr hält,
wäre also eine Wetter = Begebenheit in
ihm, die auf objektiven Gründen auch nicht be-
ruhen darf, wenn nur subjektive Ursachen im
Gemüth des Urtheilenden da sind? Der
elendeste Wahn kann den Namen mit diesem
Fürwahrhalten wechseln. **)

2. „Ueberzeugung.“

„Wenn das Fürwahrhalten für Jedermann
gültig ist, sofern er nur Vernunft hat, so ist der Grund
desselben

---

*) S. 848.
**) Vielleicht sollte es Dafürhalten heissen. Das
Fürwahrhalten in obigem Sinn wird mehrmals
wiederholet. Und welche elende Rolle spielt der Name
Gemüth in diesen wie in andern Stellen des kriti-
schen Probabilismus!

desselben objektiv hinreichend, und das Fürwahrhalten
heißt alsdenn Ueberzeugung." *) Ueberzeugung
wessen? Meiner? die schließt jedes ächte Für=
wahrhalten in sich, dessen Grund dem Ueber=
zeugten jedesmal hinreichend seyn muß. Er
geht mit seiner Ueberzeugung nicht umher zu
fragen, ob sie auch für Jedermann gültig sey,
„sofern dieser Jedermann nur Vernunft hat."
Ueberzeugung andrer dagegen hängt nicht
blos von objektiv zureichenden Gründen, son=
dern auch von der Art ab, wie diese Gründe
zu ihnen gelangen und von ihnen aufgenommen
werden. Auch ihnen ist Ueberzeugung, was
sie dem Ueberzeugenden ist, ein inniger Zustand
des Verstandes.

3. „Ueberredung."

„Hat das Fürwahrhalten nur in der besondern
Beschaffenheit des Subjekts seinen Grund, so wird es Ue=
berredung genannt." So wird es nicht genannt,
sondern Wahn, Wähnen. Ich überrede
mich, wenn es mir Mühe kostet, Zweifel zu
überwältigen, eine andre Gedankenweise mir aus=
zureden, oder wenn Wahrscheinlichkeiten mich
zwar nicht überzeugen, doch aber meinen
Beyfall mir endlich ablocken, indem sie mein

K 5   Inneres

*) S. 848.

Inneres gleichsam überhäufen. So über=
redet man auch ándre, oft für=, oft gegen
die Wahrheit; wobey die besondre Gemüths=
Beschaffenheit des Ueberredenden sowohl als des
Ueberredeten freylich in Anschlag kommen mag,
nicht aber immer als Förderung, sondern auch
als eine Hinderung des Ueberredens. „Ueberre=
dung ist ein bloßer Schein, weil der Grund des Urtheils,
welcher lediglich im Subjekt liegt, für objektiv gehalten
wird." · Ein bloßer Schein darf Ueberredung
nicht seyn, noch der Grund des Urtheils ledig=
lich im Subjekt liegen; noch weniger, daß ich
diesen für objektiv halten müßte. Auch Wahr=
scheinlichkeiten, deren Mangelhaftes im Calkul
der Gewißheit ich völlig einsehe, überreden.
„Daher hat ein solches Urtheil auch nur Privatgültig=
keit, und das Fürwahrhalten läßt sich nicht mittheilen."
· Es läßt sich mittheilen, wenn der Fürwahrhal=
tende überredet.

4 „Wahrheit."

„Wahrheit aber beruht auf der Uebereinstimmung
mit dem Objekt, in Ansehung dessen folglich die Urtheile
eines jeden Verstandes einstimmig seyn müssen: con=
sentientia uni tertio consentiunt inter se." Wessen
Uebereinstimmung mit dem Objekt? Meiner
Gedanken? Ob diese mit ihm übereinstimmen,
war und bleibt die Frage. Jeden andern
Verstand darüber zu befragen, ist eine Reise

in

in den Mond, wo nach Ariost der verflogne
Jedermanns = Verstand wohnet. Beym ersten
Schritt solcher Umfragreise an die Gerichtshöfe
fremder Verstände habe ich den meinigen auf=
gegeben, mithin das Kriterium der Wahrheit
verloren. Nie können alle Verstände in dem
Einen Dritten übereinstimmen, wenn nicht je=
der Eine damit übereinstimmt; und den Einen
hatte ich in mir. Liegt im Consens Vieler
die Wahrheit: so ist ihr innerer Charakter
verschwunden: denn in die Scheinlüge haben je=
derzeit Viele, ja die Meisten konsentiret.
„Der Probierstein des Fürwahrhaltens, ob es Ueber=
zeugung oder bloße Ueberredung sey, ist also,
äusserlich, die Möglichkeit, dasselbe mitzutheilen
und das Fürwahrhalten für jedes Menschen Vernunft
gültig zu befinden.“ Kein Fürwahrhalten, es sey
Ueberredung oder Ueberzeugung, hängt von die=
sem äussern Probiren ab. Ein elender Für=
wahrhalter, der seine Ueberzeugung an jedes
Menschen Vernunft probiren müßte, oder er=
proben wollte. Und wie könnte ers erproben?
Wo liegt der allgemeine Probierstein der Wahr=
heit? Die Möglichkeit, seine Ueberredung an=
dern mitzutheilen, ist dieser Prüfstein auch
nicht. Die größten Dialektiker, Schwätzer und
Rabulisten besitzen diese Möglichkeit der Mit=
theilung im reichsten Maas, machen von ihr
auch

auch den meisten Gebrauch, und entwenden
eben damit den Probierstein der Wahrheit. Dies
war nicht nur Sokrates, Baco's, aller
Weisen Urtheil, sondern die Geschichte der Welt
ist darüber Zeuge. Auch der Erfolg des Ueber=
redens ist kein Kriterium der Wahrheit; ge=
täuschte Enthusiasten waren meistens die glück=
lichsten im Ueberreden. Auf Schwätzen und
Disputiren führt alles dies hinaus, nicht aber
auf ein Kriterium der Wahrheit.

5. „Meynen.“

„Das Fürwahrhalten in Beziehung auf die Ueberzeu=
gung, (welche zugleich objektiv gilt,) hat folgende drey
Stuffen: Meynen, Glauben und Wissen. Mey=
nen ist ein mit Bewußtseyn sowohl subjektiv als objektiv
unzureichendes Fürwahrhalten.“ *) Dies heißt Mey=
nen ursprünglich nicht. Meine Gesinnung
und Absicht, mein Wollen, Zweck, Sinn,
heißt Meynen, wie jeder mit den Worten: „das
meyne ich, das ist meine eigentliche Mey=
nung; ich meyne es wohl mit dir; ich thue
es in dieser Meynung, das war nicht die
Meynung u. s.“ denkt und saget. Im Fall
einer Frage oder Berathschlagung entdeckt der
treue Freund, was der Disputant verfehlt oder
verzögert oder nicht hat, seines Herzens Mey=
nung.

***

*) S. 850.

nung. Daß dies Fürwahrhalten sowohl ob=
als subjektiv unzureichend sey, liegt nicht
im Wort, und stehet, der Subjektivität nach,
ihm gerade entgegen. Ich kann nichts über=
zeugter sagen, als meine Meynung, die
mich selbst, das Meinige, mein Innerstes
ausdrückt. Wenn man mit dem Worte spielt,
fremde Meynung ohne Ueberzeugung nachspricht
und sie doch als bloße Meynungen darstellt, so
wähnt man und sollte Wahn sagen. Gefällt
dir meine Meynung nicht, so habe und behalte
die Deine.

6. „Glauben.“

„Ist das Fürwahrhalten nur subjektiv zureichend, und
wird zugleich für objektiv unzureichend gehalten, so
heißt es Glauben.“ *) Das heißt es nicht.
Glauben kommt von Geloben her; der an=
dre hat mir Wahrheit gelobt; ich stelle ihm
Glauben zu, d. i. ich gelobe ihm wieder. Eben
das Zureichende, d. i. Entsprechende von bey=
den Seiten ist Grund des Glaubens, oder ich
glaube nicht; wir betrügen einander wechsels=
weise. Da (sagen hundert Sprüche und Sprüch=
wörter) hat aller guter Glaub’ ein Ende. Eben
deßhalb bezeichnet man einen Leicht= und
Wahngläubigen mit Spott und Verach=
tung,

---

*) S. 85.

158

tung, damit ob = und subjektiv dem Bande al=
ler Angelobung Treu und Glauben, das Zu=
sagende, d. i. sein zureichender Werth bleibe.

7. „Wissen.“

„Endlich heißt das sowohl subjektiv als objektiv zu=
reichende Fürwahrhalten das Wissen.“ Wissen hieß
ursprünglich genau bemerken, unterscheiden;
daher das Wort Witz, (Wit, Verstand;) da=
her Anerkennung mit Gewißheit Wissen. Für
mich weiß ich, wie ich für mich meyne und
glaube. Die drey Worte sind keine drey
Stuffen, sondern Arten des Fürwahrhaltens.
Mit meiner innersten Gesinnung meyne ich;
Glauben stelle ich einem andern zu; nach
scharfem Ersehen und Unterscheiden weiß ich,
es sey mit dem Verstande oder im Gedächtniß.

8. „Erlaubniß zu meynen.“

„Ich darf mich niemals unterwinden zu meynen,
ohne wenigstens etwas zu wissen, vermittelst dessen das
an sich blos problematische Urtheil eine Verknüpfung
mit Wahrheit bekommt, die, ob sie gleich nicht vollstän=
dig, doch mehr als willkührliche Erdichtung ist. Das Ge=
setz einer solchen Verknüpfung muß überdem gewiß seyn.“ *)
Dagegen darf man sagen: man muß sich unter=
winden zu meynen, sobald es Meynung gilt,

d. i.

---

*) S. 850.

d. i. wenn es auf Gutachten ankommt. Oft muß dies gesagt werden, wo man auch nichts gewiß, manches aber wahrscheinlich weiß. Soll Entschluß und That folgen, so handle jeder nach seiner oder nach eines andern besseren und besten Meynung. Denn eine Meynung kann wahr seyn, der Erfolg oder die Erfahrung kann sie erproben, da doch, als sie gutachtend geäussert ward, sie zwar ein reiner Spiegel der Wahrheit, doch aber nur des Meynenden Meynung war. Daß in den spekulativen Wissenschaften die sogenannten Lehrmeynungen sich verächtlich gemacht haben, zeugt von ihrem wenigen innern Werth; mit Gründen und Gegengründen vorgetragen, sind in andern z. E. in der Naturlehre, Geschichte, Arzneywissenschaft, den Rechten, der Staatskunde Meynungen erfahrner Männer sehr schätzbar. Eben in der verflochtensten Sache kann niemand dem Freunde etwas Wertheres geben als seine Meynung.

„In Urtheilen aus reiner Vernunft ist es gar nicht erlaubt zu meynen." So hätte die Kritik der reinen Vernunft nicht müssen geschrieben werden: denn da ihr transscendentaler Theil sich von aller Erfahrung losfagt: was sind ihre neuaufgestellten Wortformen als Meynung?

„Es

„Es ist ungereimt, in der Mathematik zu meynen; man muß wissen, oder sich alles Urtheilens enthalten." Des End = Urtheilens wohl; die größten Erfinder aber in der Mathematik, wie in allen Wissenschaften, ehe sie wußten, meynten und versuchten. Ihre Meynung, unterstützt mit Gründen, leitete zum Wissen durch Probe, durch Erfahrung.

„Eben so ist es mit den Grundsätzen der Sittlichkeit bewandt, da man nicht auf bloße Meynung, daß etwas erlaubt sey, eine Handlung wagen darf, sondern dieses wissen muß." Eine harte Behauptung! indem es trotz aller gewissen Grundsätze bey jeder einzelnen Handlung auf die Verknüpfung derselben mit dem Grundsatz ankommt. Diese kann nicht anders als durch die Ueberzeugung des Handelnden, folglich nach seiner innersten Meynung geschehen, die sich selten in ein klares Wissen auflöset. Sey Jeder hieben seiner Meynung gewiß; der allgemeine Grundsatz kann diese nicht vertreten.

9. „Pragmatischer Glaube."

„Es kann überall blos in praktischer Beziehung das theoretisch unzureichende Fürwahrhalten Glauben genannt werden. Diese praktische Absicht ist nun entweder die der Geschicklichkeit oder der Sittlichkeit; die erste zu beliebigen und zufälligen, die zweyte aber zu schlechthin nothwendigen Zwecken. Der Arzt muß bey einem Kran-

ken,

ten, der in Gefahr ist, etwas thun, kennt aber die Krankheit nicht. Er sieht auf die Erscheinungen und urtheilt,
weil er nichts besseres weiß, es sey die Schwindsucht. Sein
Glaube ist selbst in seinem eigenen Urtheile blos
zufällig, ein andrer möchte es vielleicht besser treffen. Ich
nenne dergleichen zufälligen Glauben, der aber dem
wirklichen Gebrauch der Mittel zu gewissen Handlungen
zum Grunde liegt, den pragmatischen Glauben. " *)
Einem so gläubigen Arzt müßte sein Pragma
gelegt werden; er fördert die Kranken unter
die Erde. Ein Arzt, der die Krankheit „nicht
kennet" und doch verschreibt, weil er etwas
thun „muß," dessen Glaube „blos zufällig"
ist, d. i. der in allen Symptomen nichts Bestimmendes siehet, „das vielleicht ein andrer besser
treffen kann," ist nach dem alten bedeutenden
Namen ein Pfuscher. Ueberhaupt ist dieser
Glaube „der Geschicklichkeit" ein sehr ungeschickter
Glaube; mein Zutrauen auf die Mittel zu meinem Geschäft muß auf Ansicht des Verhältnis-
ses beyder zu einander, mithin auf Gründe ge-
baut seyn, oder ich pfusche, d. i. ich tappe
im Dunkeln.

10. „Doktrinalglaube."

„In blos theoretischen Urtheilen giebt es ein Analogon
von praktischen, auf deren Fürwahrhaltung das Wort
Glauben

*) S. 852.

Zweyter Theil.   L

Glauben raßt, und den wir den doktrinalen Glauben nennen können. Wenn es möglich wäre, durch irgend
eine Erfahrung auszumachen, so möchte ich wohl alles das
Meinige darauf verwetten, daß es wenigstens in irgend einem von den Planeten, die wir sehen, Einwohner gebe. Daher sage ich, ist es nicht blos Meynung, sondern ein starker Glaube, (auf dessen Richtigkeit ich schon viele Vortheile des Lebens wagen würde)
daß es auch Bewohner andrer Welten gebe. — Nun
müssen wir gestehen, daß die Lehre vom Daseyn
Gottes zum doktrinalen Glauben gehöre.‘‘ *)
Dahin gehört sie? zum Mann im Monde?
Doktrinaler Glaube kann nichts heißen, als
ein Fürwahrhalten aus dem Zusammenhange
der Lehren, die eine Doktrin vortrug. Stehen
aber die allerdings wahrscheinlichen Einwohner
„irgend eines von den Planeten, die wir sehen,‘‘
mit dem Daseyn der höchsten Vernunft, die in
Allem erscheinet, ich will nicht sagen auf Einer
Stufe des Fürwahrhaltens, sondern nur in
Einer Schlußart? So ists auch mit dem
„doktrinalen Glauben des künftigen Lebens der
menschlichen Seele. ‘‘

II. „Moralischer Glaube. ‘‘

„Aber der blos doktrinale Glaube hat etwas Wanken-
des in sich; man wird oft durch Schwierigkeiten, die sich
in der Spekulation vorfinden, aus demselben gesetzt,

ob

---

*) S. 853.

ob man zwar unausbleiblich immer wiederum zu demselben zurückkehrt. Ganz anders ist es mit dem moralischen Glauben bewandt. Denn da ist es schlechterdings nothwendig, daß etwas geschehen muß, nämlich, daß ich dem sittlichen Gesetz in allen Stücken Folge leiste. Der Zweck ist hier unumgänglich festgestellt, und es ist nur eine einzige Bedingung nach aller meiner Einsicht möglich, unter welcher dieser Zweck mit allen gesammten Zwecken zusammenhängt, und dadurch praktische Gültigkeit habe, nämlich: daß ein Gott und eine künftige Welt sey. Ich weiß auch ganz gewiß, daß niemand andre Bedingungen kenne, die auf dieselbe Einheit der Zwecke unter dem moralischen Gesetz führe. Da aber also die sittliche Vorschrift zugleich meine Maxime ist, (wie denn die Vernunft gebietet, daß sie es seyn soll) so werde ich unausbleiblich ein Daseyn Gottes und ein künftiges Leben glauben, und bin sicher, daß diesen Glauben nichts wankend machen könne, weil dadurch meine sittlichen Grundsätze selbst umgestürzt werden würden, denen ich nicht entsagen kann, ohne in meinen eigenen Augen verabscheuungswürdig zu seyn." *) — Das heißt freylich ein sehr zweckhafter Glaube, bey welchem ich zwar nicht weiß, weßhalb, aber wozu und wofür ich glaube! Fragte nun Jemand: woher weißt du, daß „der Zweck von Allem deine Moralität ist?" und ein Andrer fragte: woher weißt du, daß „nur eine

L 2   ein-

---

*) S. 856.

einzige Bedingung möglich sey, unter welcher dieser
Zweck mit allen gesammten Zwecken zusammenhange?"
Kennest du alle diese Zwecke? und wie darfst
du sagen: „du wissest ganz gewiß, daß niemand andre Bedingungen kenne, die auf dieselbe Einheit des Zwecks führen?" Führe ein Dritter fort:
„wenn es schlechterdings nothwendig ist, daß
du dem sittlichen Gesetz in Allem Folge leistest,
da es dir die Vernunft gebietet, und die sittliche Vorschrift deine Maxime ist, so hast du ja
an ihr gnug. Du mußt ihr folgen, oder das
Gebot der Vernunft ist nicht klar, und die
Maxime ist nicht deine Maxime. Du abrogirst
also ihr Gesetz, wenn du ein fremdes, dir un-
bekanntes Wesen zu Hülfe rufen, d. i. erdich-
ten mußt, damit jenes Gesetz dadurch praktische Gültigkeit erhalte. Du erklärst es damit
eben für unhinreichend, d. i. für null und
nichtig. Wenn, ohngeachtet jenes lauten Sit-
tengebots der Vernunft, deine sittlichen Grundsätze „umgestürzt" werden würden, falls jenes
indemonstrable Ding, von dem du keinen Begriff zu haben vorgiebst, nicht da wäre, so ver-
abscheue dich nur sogleich, ohne zugleich auch
heuchlerisch-schwach zu werden, indem du dich
zwingst, etwas Unbeweisbares zu glauben. Sobald du das Unglaubliche glaubst, blos um dir
nicht so oder anders zu erscheinen, simulirst
du

du und spielst sowohl mit dem geglaubten Unglaub-
lichen, als mit deinen moralischen Grundsätzen,
die du selbst nicht glaubest, einen elenden Betrug. Kleinlicher und erbärmlicher noch, als
jener pragmatische Pfuscherglaube, ist dein moralischer Glaube. Träte ein vierter Kühnerer
hinzu und spräche: „deinen hingestürzten Grundsätzen zu Gut, soll Der existiren, den du dich
für verbunden hieltest, nicht existiren zu lassen,
„damit deiner Vernunft alles reine Natur sey.“ Jetzt
bewegt sich auf einmal die ganze Natur, alle
Sonnenheere und Milchstraßen bewegen sich um
das Küchlein am Feuer, damit es ohne Um-
wenden des Spießes gahr werde. Ein elender
Heuchelglaube, der sich den Namen „Vernunftglaube“
nicht anmaassen sollte, da ihn die Vernunft eben
so sehr, als das reine sittliche Gefühl verachtet.
Ein Glaube endlich, „der, auch vom moralischen Interesse getrennt, doch gnug übrig läßt, um zu machen,
daß man ein göttliches Daseyn und eine Zukunft fürchte,“ *)
ist ein knechtischer Prügelglaube; jener und
dieser, ohne Schminke zu reden, sind Spitzfindigkeiten, aus Selbstgefälligkeit, Heucheley und
Schwachheit erkünstelt, nicht aber Vernunft-
und Herzensglaube.

So lahm geht die Kritik mit ihrem praktischen Kanon der reinen Vernunft,

L 3   und

---

*) S. 858.

und ihren dadurch gefundenen zwey „Glau-
bensartifeln" hinaus. *) Was sie vorn gebietend wegwarf, nimmt sie hinten am mißlich-
sten Ort unbesehen wieder. Anerkennet die Vernunft keine Ordnung und Harmonie in der
Natur, so darf sie solche auch in der moralischen
Natur nicht anerkennen. Sind sie dort selbst-
ständig, vielmehr sind sie es hier: da moralische
Ordnung, Güte und Schönheit als Eigenschaften und der schönste Erwerb freywirkender Wesen nothwendig auf sich selbst beruhen, und
durch eine herbeygezwungene fremde Idee, sie
mache hoffen oder fürchten, ihre eigne Art verlieren. Der postulirte Gott der kritischen Philosophie, er werde als ein Hoff- oder Schreck-
gespenst aufgeführet, ist also ein Ungott für
die Moralität, ihrem auseinanderfallenden System ein erbetteter Nothnagel. (Deus Noth-
nagelius, κογξομπαξ)

Nicht eben die angenehmste Bemerkung ist
es, daß gerade diese Schleichpforte des
pragmatischen Doktrinal- und moralischen Glaubens von hinten hinein
der kritischen Philisophie vielleicht den meisten
Eingang verschafft hat. Kraft des pragmatischen Glaubens mag man immer Arzney
ver-

---

*) S. 858.

verschreiben, wenn man gleich die Krankheit
nicht kannte, weil doch „etwas gethan werden mußte.“
Vermöge des Doktrinalglaubens glaubte
jeder aus seiner Doktrin in das Gebiet der
Vernunft hinübertragen zu dürfen, was ihm
doctrinaliter gefiel. „Der Ausdruck des Glaubens ist
in solchen Fällen ein Ausdruck der Bescheidenheit in objektiver Absicht, aber doch zugleich der Festigkeit des Zutrauens
in subjektiver: *) welche Festigkeit des Zutrauens
dann auch die kritischen Philosophen reichlich
erwiesen haben. Nicht etwa nur die Einwohner irgend eines Planeten, „den wir sehen,“ haben sie „mit starkem Glauben, auf dessen Richtigkeit sie
schon viel Vortheile des Lebens wagen würden,“ erwet-
tet; sondern ganz andre Stücke ihres Doktri-
nal- und Disciplinglaubens. Der „moralische
Vernunftglaube“ endlich war das gefälligste
Kissen für Schlaftrunkene: denn auf ihm erhielten sie alles durch Postulate. Was mir
unentbehrlich ist, damit ich mir nicht selbst
verabscheuungswürdig erscheine, das ist, und
zwar mit allgemeiner Gültigkeit; ich rufe das
Wort. Jauchzend rief man aus: „Sieg der
praktischen Vernunft über die theoretische!
Sieg!“ Als ob eine praktische Vernunft ohne
eine theoretische möglich, und ein Krieg zwi-

L 4   schen

---

*) S. 855.

schen beyden, oder ein Sieg der Einen über
die andre erfreulich wäre.

*   *   *

„Metaphysik ist die Vollendung aller Cultur der menschlichen Vernunft, die unentbehrlich ist, wenn man gleich
ihren Einfluß, als Wissenschaft, auf gewisse bestimmte
Zwecke bey Seite setzt. Denn sie betrachtet die Vernunft
nach ihren Elementen und obersten Maximen, die selbst der
Möglichkeit einiger Wissenschaften und dem Gebrauch aller zum Grunde liegen müssen.“ *)

„Der kritische Weg ist allein noch offen. Der
Leser mag urtheilen, ob nicht, wenn es ihm beliebt, das
Seinige dazu beyzutragen, um diesen Fußsteig zur Heeres-
straße zu machen, dasjenige, was viele Jahrhunderte nicht
leisten konnten, noch vor Ablauf des gegenwärtigen geleistet werden möge: nämlich, die menschliche Vernunft in dem, was ihre Wißbegierde jederzeit, bisher aber
vergeblich beschäftiget hat, zur völligen Befriedi-
gung zu bringen.“ **) Da also der kritische
Weg allein noch offen, jeder andre also zuge-
schlossen seyn soll: so wollen und müssen wir
den allein offnen Weg noch vor Ablauf des gegenwärtigen Jahrhunderts verfolgen, zu solchem
Zweck aber vorher uns orientiren.

Welches ist die Sphäre menschlicher Erkenntnißkräfte, besonders der

Ver-

---

*) S. 878.   **) S. 884.

Vernunft? Wie orientirt man sich in
ihr?

I. Vernunft als ein Vermögen betrachtet.

Wenn eine Kraft da ist, frage ich nicht zuerst: wie war sie möglich? sondern wie wirkt
sie? Vorzüglich gilt dies von ursprünglichen,
nicht abgeleiteten Kräften. Denn da ausser ihrer Wirkung das Wort Kraft (Vermögen) für
uns keinen Sinn hat: so kann der Versuch,
Möglichkeit einer Kraft zu erklären, ehe ich von
ihr selbst einen Begriff habe, nichts geben als
leere Worte.

Ist Denken meine innigste Kraft, so ist sie
mir gegeben; wie sie wirkte, kann ich also
nur bemerken; ich vermag aber etwas viel
mehreres, ich kann sie lenken und gebrauchen. In mir ist ein doppeltes Ich; mir selbst
bewußt, kann und muß ich mir Objekt werden.
Dieser Vorzug erhebt uns über die Thiere; er
ist der Charakter unsrer Art. Indem ich
zu mir sagen kann: „Lasset uns," habe ich die
Macht ausgeübet, von der alle Wirkung meines Geistes abhängt; ich kann auf mich selbst
wirken.

Denkformen erklären diese Kraft nicht; der
Gedanke hat keine Form, aber er schafft Formen. Als eine geistige Rede zu mir hat er

L 5 man-

mancherley **Glieder, Artikulationen.**
Mit dem innigsten Bande untereinander ver=
knüpft, ist diese Gedankengestalt uns ein Leben=
diges, in seinen Gliedern zu sich selbst gehörig,
ineinanderwirkend, untheilbar.

Als organisirte Wesen brachten wir, statt
einer Transscendental=Aesthetik vor aller Erfah=
rung, eine lebendige Aesthetik auf die Welt,
erfahrend. Raum und Zeit formten unsre
Sinne nicht; wir formten die Begriffe von
Raum und Zeit an Gegenständen, erfahrend.
Auch im ödesten Traum ist uns kein Raum und
keine Zeit ohne Gegenstand denkbar: denn neh=
men wir in diese schreckliche Einöde nicht uns
selbst mit?

Als organisirte Wesen sind wir angehörig
dem Allgemeinen. Im ersten Anblick der
Dinge sahen wir ein unermessenes Sichtbare;
im ersten Schall hörten wir ein unermessenes
tönendes Universum; unser Gefühl knüpfte uns
in tausend Fäden an einem Knäuel, den wir
fortwährend entwirren und loswinden. Ueber=
mannend hält ein Universum uns vest; wir
sind ein Besonderes nur durch ein Allge=
meines.

Und eben dadurch ein innig Bestimmtes,
Gestaltetes, organisirtes Besondre; unser Ver=
stand kann nicht anders als sinnlich, d. i. mit=

telst

telt der uns gegebenen Form Begriffe sich
erwirken. Jeder Sinn hat wie seine Bildung,
seine Welt, seine Art der Aneignung, so auch
seine Sphäre. Schärft unsre Sinne, gebet
uns deren mehrere, so, nur so gewinnen wir
neue Gegenstände und Denkformen. In der
alten thut sich uns eine neue Welt auf.

Aber auch in der uns zugeordneten Sphäre
gewinnen wir nicht alle Begriffe in gleicher
Nähe, in gleichem Verhältniß. Jeder
Gegenstand hat sein Licht, seinen Schatten;
das Gemählde davon wird uns in Farben klar,
die ihm Verstand, Wille, Neigung, Organisation geben. So moduliren sich Gedankenweisen
wie Tonarten in uns; so Handlungen und Ge-
stalten.

Die menschliche Rede wird ein Abdruck des
Allen, ein lebendiges Bild unsrer Gedankenweise, voll Licht und Schatten, voll Glieder
und Artikulationen. Und dies lebendige Erwirken dauert fort. So lange unser Verstand verstehet, wird er; Begriffe bildend regeneriret er
sich selbst unaufhörlich.

Wie der Verstand Erfahrung, so hat die
Vernunft zu ihrer Sphäre das weite Reich
menschlicher Gedanken, mittelst der Rede.
Was durch irgend ein Zeichen ausgedrückt, fest-
gehalten, verständlich gemacht werden kann,

darf

darf sich vor die Vernunft als eine Vernehmerinn wagen; auf Angaffungen im Raum und in der Zeit läßt sie sich nicht einschränken. Mittelst der Sprache ist ihr alles gegeben, was sich durch Sprache im weitesten Sinne des Worts ausdrücken läßt; sie selbst ist und heißt Sprache.

Kein Vorwitz also, das wesentliche Amt der Vernunft ist Abstraktion; ohne Abstraktion wäre weder Vernunft noch Sprache. Also darf sie auch, so weit ihr Vermögen und der Ausdruck desselben reicht, ihre Abstraktion verfolgen. Eine Vernunft, die auf halbem Wege stehen bleibt, und ein Richter, der die Akten halb lieset, sind gleich=läßig; der genaue Richter lieset sie vor= und rückwärts. Da sich nun durch Sprache und Zeichen alles Denkbare ausdrücken läßt, so ist die Vernunft Richterinn über alle Abstraktionen. Sie lebet im Allgemeinen; zu keinem Zweck aber, als daß sie es sich verständlich mache, und im Allgemeinen das Besondre finde.

Alle Begriffe in dieser unermessene Sphäre sind ihr nicht gleichgeltend. Eine Vernunft, der jener dialektisch=geführte Prozeß über das erste Ey und die erste Henne, oder über den Ort, wo die Welt mit Brettern verschlagen sey? so wichtig wäre, als die Frage über den uns

anerkennbaren Zusammenhang und Grund der
Dinge, die scherzte auf ihrem Richtstuhle. Klein=
fügige Zänkereien weiset der Richter ab, ge=
schweige daß er sie aufhetzen, und ihren kostba=
ren Zwist als ein unerschöpfliches πυξ και λαξ
verewigen wollte.

Auch ists das Amt der Vernunft nicht, ihre
Gerichtssphäre n u r zu erweitern. Ueber ihre
Sphäre hinaus, wo die Abstraktion selbst kein
Wort, kein Zeichen fände, wo sie die Sprache
der Quärulanten also nicht einmal verstünde,
k a n n sie nicht erkennen und richten. Ihrer
Natur nach umschließt sich ihr das Allgemeine
in ein gegliedertes G a n z e s, das aus gegeb=
nen Datis, so weit Sprache oder Zeichenkunst
reicht, ihr Schluß, ihr Werk ist. In friedli=
chen Sphären, nicht neben, sondern in= und
durch einander, ordnet sich also das Feld menſch=
licher Erkenntnißkräfte also:

Sphären

Sphären der menschlichen Erkenntnißkräfte.

I.

Sinnenwelt.

Jeder Sinn hat seine Sphäre; jeder Gegenstand seine Bedeutung. Die Einbildungskraft ordnet sie mit und durch einander.

2.

Verstandeswelt. Ihre Sphäre ist alle innere und äussere menschliche Erfahrung.

3.

Vernunftwelt. Ihre Sphäre ist alles, was Rede oder ein Verstandeszeichen ausdrückt.

4.

Welt der Größen.

Ihre Sphäre ist das unermessene Meßbare.

II. Vernunft als Erkenntnißquelle betrachtet.

Hier wird sie ein Collektivname dessen, was in mehreren Menschen die Vernunft als Erkenntnißvermögen hervorgebracht und zusammengetragen hat, durch Unterricht, Sprache, vermehrte Erfahrung, Einrichtungen und andere Werkzeuge. Vernunft und Unvernunft, Neigungen und Leidenschaften in einem Chaos

von

von Veranlaſſungen nach Zeiten und Völkern
haben hier zuſammengewirkt, und wie in jenem
Zauber-Keſſel ein Allerley bereitet, deſſen Schaum
man oft p h i l o ſ o p h i ſ c h e Vernunft nennet, wo auch auf einer Blaſe dieſes Schaumes
dort und dann ein Philoſoph ſich ſelbſt ſetzt,
und ſpricht, als ob Er die a l l g e m e i n e M e n-
ſ c h e n v e r n u n f t wäre. Er iſts nicht, ſondern eine einzelne, oft eine Sachleere Schul-
vernunft; was er kritiſirt, ſind oft auf Verirrungen des menſchlichen Geiſtes gebaute S c h u l-
v e r n ü n f t e.

Die Menſchenvernunft hat einen weitern
Umfang. Aus einer Kindheit, von der wir
uns ſelten richtige Begriffe machen, unter vielen Hinderungen und Drangſalen: hat ſie ſich
emporgearbeitet, iſt über Meere und Länder gegangen, und hat, ſo manchen Unrath der Keſ-
ſel um ſie goß, ſich von ihm zu erledigen ge-
wußt, oder mindeſtens gegen die Form des Un-
raths tapfer gekämpfet. Was kann über das
Leere und Anmaaßende der Transſcendental-
Philoſophie geſagt werden, das nicht ſchon geſagt ſey? Spottend und ernſthaft.

Iſt alſo von Vernunft und Unvernunft, von
Vernünfteley und Sophiſtik die Rede, ſo un-
terſcheide man, weſſen Unvernunft und Vernunft dies war? wer ſolche Ausſprüche veran-
laſſet

laſſet - oder daran Theil genommen habe? „Warum muß ich meinen Namen leihen, ſpricht die Vernunft, zu dem, was eine Gilde, (Schule oder Fakulät genannt,) oder was ein Thor in ihr geſagt hat? Afterrednerey iſts, wenn ich, was ein Thor in der Klauſe ſprach, der allgemeinen Menſchenvernunft zueigne. Eine geſammte, leyder aber verflogne reine Menſchen= vernunft fand Ritter Aſtolfo nur im Monde:

Era come vn liquor ſottile e molle,
   Atto a eſalar, ſe non ſi tien ben
          chiuſo,
E ſi vedea raccolto in varie ampolle
   Qual più, qual men capace. —

Statt alſo ein blaues Mährchen zu kritiſi= ren, laſſet uns vom Gange der Menſchenver= nunft nach Zeiten und Völkern lernen. Jedes Volk hat ſeine ſogenannt = gemeine Vernunft, die ſich in Sprache und Verfaſ= ſung, in Sitten und Einrichtungen ausdrückt. In einfachem Zuſtande einfach, entfaltet ſie ſich allmählich zur Cultur, dann ſchweift ſie in Ue= bercultur aus; wo es ein Glückszufall bleibt, ob ſie daraus zur höheren reinen Cultur auf= ſteige, oder zur völligen Barbarey zurückkehre? Die Geſchichte zeigt, daß man in jedem Zu= ſtande die Summe des Geſammtdenkens Ver=

nunft

n u n f t nennet, wenn es gleich oft Vernünfteley
oder grobe Unvernunft war. In den Schulen
nicht anders. Von einfacher Weisheit steigen
sie zur Cultur, endlich zur Uebercultur hinauf,
in welcher alle Wissenschaften verwirrt werden;
was darauf folgt, ist entweder geläuterte Weisheit oder Transscendentalphilosophie, jenseit aller
Erfahrung, das Reich der Dünste. In diesen
wiederkehrenden

Perioden der Vernunft.
1.
Vernunft
als Lebensweisheit,

<table>
<tr><td>2.</td><td>3.</td></tr>
<tr><td>Vernunft</td><td>Vernunft</td></tr>
<tr><td>als</td><td>als</td></tr>
<tr><td>Cultur,</td><td>Uebercultur,</td></tr>
</table>

4.
Vernunft
als reingeläuterte Lebensweisheit,
oder
als Transscendentaldampf.

Lasset uns von oder an ihr lernen; nie aber
glauben, daß, ehe wir im Monde waren, und
daselbst alle Ampullen leerten, in Einem von
uns die gesamte Menschenvernunft wohne.

III. Vernunft als Gegenstand betrachtet.

Als solcher ist sie die rein ausgespro=
chene Regel, die ich in mir gleichstim=
mig der Natur wahrnehme. Der Satz
der Identität und des Widerspruchs ist nichts
als Ausdruck eines einfach= und fest aner=
kannten Wahren. Möge ich mich in An=
wendung dieses Grundsatzes irren; der Grund=
satz selbst (a ist a), d. i. innere Anerkennung
der Wahrheit eines Gegebenen ist wahr; mein
eigner Irrthum entdeckt sich an dieser Regel
der Wahrheit. *)

Daß

---

*) „Was heißt: sich im Denken orientiren?‟ (Kants
sämmtliche kleine Schriften B. 4. S. 275.) Die
Abhandlung hat den Sinn des Worts verfehlet.
Orientiren heißt: die vier Weltgegenden finden;
so orientirt man Charten, Segel u. f. Von den
Levantefahrern stammet der Ausdruck. Nun waren,
ehe wir waren, Weltgegenden da, die auch, wenn ich
sie nicht beobachte, daseyn werden; durch meine eigen=
sinnige Stellung rechts und links kann ich sie weder
bestimmen noch ändern. Der wandelbare Horizont
meiner Person ändert nicht den festen Horizont der
Weltgegend. Schon der Begriff, daß ich im Denken
mich orientiren könne, schließt in sich, daß ich mich
orientiren müsse, d. i. daß es außer, wie in mir,
feste Punkte gebe, die ich in Uebereinstimmung

Daß daſſelbe Geſetz in mir wie in der
Natur, im Erkenntnißvermögen wie im Erkenn-
baren, obwaltet; daß, wenn ich irrte, mir die
Natur, d. i. die weitere Erfahrung, zurechthilft,
und ich wie einen Zuſammenhang meiner
Gedanken, ſo auch weiter und weiter einen
Zuſammenhang ihrer Werke, beyde in
Harmonie wahrnehme; dies ſichert meine Ver-
nunft, denn ich ſehe, meine innere iſt auch des
mir zur Anerkennung gegebenen Weltalls Regel.
Die Vernunft, ſehe ich, gehört zum Gegen-
ſtande, wie der Gegenſtand zur Vernunft; nach
Einem Geſetz, zueinander geordnet.

M 2   Hierauf

---

zu bringen habe. Dies heißt, ohne Sophismen, ſich
orientiren, finden, wo man in der Welt ſey,
wie ſie ſich zu uns, wir uns zu ihr verhalten. Orien-
tire ich mich blos mit mir ſelbſt, d. i. werfe ich
alle Weltgegenden in mich hinein, und beſtimme ſie
nach meinem eigenſinnigen Egoismus: ſo kann ich
in der wahren Welt ſehr desorientirt ſeyn. Unternäh-
me ichs gar, die Welt nach mir zu orientiren, ſo
desorientirte ich ſie, wie ich mich drehe, oder wie
mir der Kopf ſchwindelt. Der Welten orientirende
Egoismus kann nichts anders als eine Schwindel-
Philoſophie werden; in ihr iſt man mit jeder
Gewißheit am Ende.

Hierauf ruht apodiktische Gewißheit, oder es giebt keine. Mein Setzen und
Legen schafft sie nicht; sie muß in mir durch
eine unwandelbare Regel gesetzt, und ausser
mir in jedem gegebenen Gegenstande anerkennbar seyn; sonst wäre jenes eine unanwendbare,
mithin keine Regel. Wer mir die Welt der
Gegenstände, an denen ich die Vernunft er-
probe, entwendet, hat mir die Vernunft selbst
entwandt, die fortan mit ihr selbst im kritischen Idealismus, d. i. in einem synthetischen
Traum nur dichtet, nur spielet.

Auf der Regel meiner Vernunft, in jedem
Gegenstande anerkennbar, beruht einzig der
Vernunftglaube. Einen andern giebt es
nicht; Dialektik kann ihn weder abläugnen,
noch ersetzen, noch vertreten. Mittelst seiner
weiß ich, und was ich über dies Wissen hinaus der Vernunft als Vernunftglauben
andichte, ist Dichtung. Die Vernunft kann
und darf nur sich selbst, nicht aber ohne
Gegenstände, sondern anerkennend die Gegenstände glauben.

Diese Ueberzeugung ist das Ding an sich;
es giebt kein andres; das Ding an sich heißt
anerkennbare Wahrheit. Es existirt in
dir,

dir, in mir, wie in allen Gegenständen, und
daß es in allen uns harmonisch existirt,
daß ich es im Zusammenhange der Welt wie
im innersten Zusammenhange meiner Gedanken
finde, dies sichert mich über das Ding an
sich, wie über mich selbst. Es ist nämlich das
liebe kleine Wörtlein Ist, wie das Wort
Ding (Ens) selbst saget. Wer mich solches
als ein problematisches, nie zu findendes, aber
immer zu verfolgendes Geheimding suchen
lehret, der suche im blinden Kinderspiel sich selbst
und finde sich nie.

Da die anerkennbare Natur aber, ein gros-
ses Gemählde, ohne Licht und Schatten, ohne
Haltung und Farben nicht seyn kann; das
Ding an sich also, d. i. die Idee des ganzen Gemähldes in dieser Harmonie anerkannt
werden muß, oder man erkennet kein Gemählde; so erhellet, daß es der Gewißheit unserer Erkenntniß nichts weniger als schade,
wenn wir unsrer vielartigen Organisation nach
das Ding an sich (a ist a) in mehreren Verhältnissen mit Licht und Schatten kennen lernen, es auf mehrere Weise aussprechen, und
jeden Gegenstand mit der Gewißheit, die ihm
gebühret, in seiner und nicht in einer fremden Art anerkennen müssen. Unbedacht ists,

M 3 wenn

wenn wir dabey zu verlieren glauben, da wir
an Vielseitigkeit und der sich dadurch bewähren=
den Gewißheit selbst unstreitig gewinnen: denn
eine Linien=, Zahl=, oder gar eine dunkle For=
mulargewißheit ist gewiß doch die Einzige nicht,
deren unsre Sinne, unser Verstand und unsre
Vernunft bedürfen.   Erkenne ich einen sinnli=
chen Gegenstand besser, wenn ich ihn durch
Raum und Zeit geformt denke? vielmehr
entgeht mir mit diesem fremden Behelf
eine Kleinigkeit, die mir nur der Sinn ver=
leihen konnte, sein Daseyn. So ists mit der
Gewißheit aller Regionen; jede ist in ihrer
Art gewiß, ohne mit einer andern zu wechseln,
oder auch die mathematische selbst für etwas
anders als für ihr Maas, nicht für ihren
Stellvertreter zu erkennen. *) Gnug, daß alle
einander analog, einander mit harmonischem
Zwist bestärken.

Arten

*) S. Ernesti defensio vett. Philosophorum, ad-
versus eos qui methodum mathematicam, ab iis
vel ignoratam vel male neglectam esse contendunt.
Opusc. philol. crit p. 183. seq.

Arten der Gewißheit des menschli=
chen Erkenntnisses.

1.
Sinnliche,
d. i. innewerdende Gewißheit.

2.   3.

Anerkennende   Grund u. Folge
zusammenfas=
sende,

Verstandesgewißheit   d. i. Vernunftge=
wißheit.

4.
Im Unermessenen
bestimmende Maasgewißheit.

Vier verschiedene, einander analoge Arten
und Regionen, die von jenen berühmten vier
Künsten der Dialektik, der Pirastik, So=
phistik, Eristik und Pseudographie zwar
verwirret, nie aber vertilgt oder einander sub=
stituirt werden mögen. Gäbe es also auch eine
reine Transscendentalwissenschaft des gesammten
Weltalls, und ließe sich das Ding an sich
nackt und verbindungslos im Raum und in
der Zeit anschaun; ich mag sein nicht. Aner=
kennen will ich das Universum, wie es mir ge=
geben ist und ich ihm gegeben bin; nicht von

M 4   oben

oben herab, sondern von unten hinauf soll die
Menschheit bauen, und sich durch ihre eigene
Mühe Kenntnisse erwerben. Eben diese Mühe
ist Genuß, Bildung, Selbstbelohnung; da ge=
gentheils es keinen engeren traurigeren Begriff
giebt, als die Anmaaßung, die Vernunft aus=
gemessen, umpfählt, erschöpft zu haben. Und
woburch? Durch ein Hinten = Vorn
(ὕστερον πρότερον) durch eine sich selbst aufhebende
Wortdichtung.

Verfehlte Kritik
der reinen Vernunft.

Wie kams, daß bey der oft wiederholten Absicht „die spekulative Vernunft von ihren Streifereyen jenseit der Erfahrung in das ihr angewiesene Land zurückzuführen," die auf dieses Werk gewandte Mühe zum gegengesetzten Ziel ausschlug? Einige Ursachen davon liegen am Tage.

I. Veranlassung des Werks.

Hume's Zweifel.

„Hume schlug einen Funken, bey welchem man wohl ein Licht hätte anzünden können, wenn er einen empfänglichen Zunder getroffen hätte, dessen Glimmen sorgfältig wäre unterhalten und vergrößert worden. Er gieng hauptsächlich von einem einzigen, aber wichtigen Begriff der Metaphysik, nemlich dem (Begriff) der Ursache und Wirkung, (mithin auch dessen Folgebegriffe, der Kraft und Handlung) aus, und forderte die Vernunft, die da vorgiebt, ihn in ihrem Schooße erzeugt zu haben, auf, ihm Rede und Antwort zu geben, mit welchem Rechte sie sich denkt: daß etwas so beschaffen seyn könne, daß, wenn es gesetzt ist, dadurch nothwendig auch etwas anders gesetzt werden müsse: denn das sagt der Begriff der Ursache. Er bewies unwidersprechlich, daß es der Vernunft gänzlich unmöglich sey, a priori und aus Begriffen eine solche Verbindung zu denken, denn diese enthält Nothwendigkeit; es

.ist

ist aber gar nicht abzusehen, wie darum, weil Etwas ist,
etwas anderes nothwendiger Weise auch seyn müsse, und wie
sich also der Begriff von einer solchen Verknüpfung a priori
einführen lasse. Hieraus schloß er, daß die Vernunft
sich mit diesem Begriffe ganz und gar betrüge, daß sie ihn
fälschlich vor ihr eigen Kind halte, da er doch nichts anders als ein Bastard der Einbildungskraft sey, die durch Erfahrung beschwängert, gewisse Vorstellungen unter das
Gesetz der Association gebracht hat, und eine daraus entspringende subjektive Nothwendigkeit, d. i. Gewohnheit vor
eine objektive aus Einsicht, unterschiebt. Hieraus schloß er:
die Vernunft habe gar kein Vermögen, solche Verknüpfungen, auch selbst nur im Allgemeinen, zu denken, weil ihre
Begriffe alsdann bloße Erdichtungen seyn würden, und alle
ihre vorgeblich a priori bestehende Erkenntnisse wären nichts
anders als falschgestempelte gemeine Erfahrungen, welches
eben so viel sagt, als es gebe überall keine Metaphysik und
könne auch keine geben." *)

So magistralisch drückt sich nun zwar der
feine Akademiker Hume nicht aus, da überhaupt seine ganze Zweifelphilosophie über den
Werth der Abstraktionen sowohl, als über die
zwischen Ursache und Wirkungen obwaltende
Verbindung dem Grunde nach nicht ihm sondern Berkeley zugehört. **) Ohne Zweifel
war dem Geschichtschreiber Hume beym Lauf
seiner

---

*) Prolegomena zu jeder künftigen Metaphysik. S. 7. 8.
**) Berkeleys Principles of human knowledge Sect.
65. 66.

feiner Geſchichte nichts ſo eindrücklich gewor=
den, als die Frage: *) „wie ketten ſich Be=
gebenheiten, d. i. Urſachen und Wirkungen an=
einander? wie entſpringt aus dem Vergange=
nen die Zukunft?“ Und, da fand er im Ge=
biete der Metaphyſik längſt vor ihm Berke=
leys idealiſche Auflöſung. **) Ihm, dem dieſe
Auflöſung nicht gnügen konnte, theilte ſich alſo
die Frage:

1. Wie kommen wir zum Begriff der Urſache
   und Wirkung?

2. Wie hangen dieſe beyden Begriffe in un=
   ſerm Erkenntniß zuſammen?

3. Giebts nach Regeln der Nothwendigkeit
   einen Schluß von einem Begriff auf den
   andern?

Zu Auflöſung der erſten Frage bringt Hume
treffende Induktionen bey, †) die er mehrmals
dadurch aufhellt, daß er einen Menſchen, (ſey's
Adam

---

*) Hume giebt ſelbſt dieſen Gang ſeiner Gedanken
   an: Eſſay III. of the aſſociation of Ideas. p. 33.
   Edit. Lond. 1753.

**) The connexion of Ideas does not implay the re-
   lation of cauſe and effect but only of a
   mark or ſign with de thing ſigniſied. Berkeley's principl. ſect. 65.

†) Eſſay 4. 5. 7.

Adam oder der Ankömmling aus einer andern
Welt,) unbekannt mit dem Zusammenhange
der Begebenheiten unsrer Welt einführt. Auf=
regend ist eine solche Dichtung; sie ist aber
nicht rein, weil in einem Ankömmlinge oder
Protoplasten solcher Art immer schon eine ge=
bildete Vernunft zum Grunde gesetzt wird, die
wir auf dem Wege, wie uns die Natur in die
Welt sandte, nicht mitbrachten. Unser Verstand
erwachte an und durch Erfahrung; durch
unsre und fremde Erfahrung mittelst des Un=
terrichts, der Sprache, der Nachahmung, ge=
langte unsre Vernunft zu schnellerer Verknü=
pfung der Begriffe, wie aller, so auch der
von Ursache und Wirkung. Daß wir durch
Erfahrung zu diesen Begriffen gelangt sind,
daß öftere Wiederholung (custom or habit) ihre
Verknüpfung uns geläufig gemacht, daß wir
nicht nur im gewöhnlichen Traum des Lebens,
sondern auch in neuen schweren Fällen, vorige
Erfahrungen zu Hülfe rufen und habituell
verknüpfen, wird dem scharfsinnigen Zweifler
niemand läugnen.

Was aber verknüpfte bey der ersten Erfah=
rung die Begriffe von Ursache und Wirkung?
Der Eindruck (impression) nicht; sondern die
Idee (idea), mithin der wirkende Verstand.
Im ersten leisen Gefühl des Säuglings, so=

bald

bald er wahrnimmt: „in ihm und durch ihn
werde etwas." äussert sich die Kraft, Ursache
und Wirkung zu verknüpfen, die nur des
Verstandes seyn kann. Auch das Thier hat
dies Analogon des Verstandes; der Mensch,
zum Verstehen von der Natur bestimmt, übt
ihn vom ersten Moment seiner Empfindung,
und lernt durch jeden Fehlversuch ihn schärfer
üben. Die sogenannten Irrthümer unsrer Sinne, d. i. die gemeinsten Erfahrungen, in denen
wir uns dem Eindruck (impression) überlassen,
ohne aus andern Verbindungen den gebilde-
ten Verstand oder die rechnende Vernunft zu
Hülfe zu nehmen, zeigen, daß jede Empfindung
mit einem Urtheil, obgleich oft mit einem Trug-
urtheil begleitet war; und wer vermag zu urtheilen, als der Verstand? Der Eindruck (impression) thut es nicht. Wenn also Hume
von einem Gefühl des Zusammenhanges zwischen Ursache und Wirkung redet, *) so meynt
er das, was wir Innewerden nennen,

und

---

*) These connexion, which we feel in the mind,
or customary transition of the imagination from
one object to its usual attendant, is the sentiment or impression, from which we from
the idea of power or necessary connexion. Essay
VII. p. 119.

und in jeder, auch der dunkelsten Empfindung
vom Eindruck (impression) unterscheiden.
Ueberhaupt ist seit Leibnitz unsre philosophi=
sche Sprache in Bezeichnung der Seelenkräfte
an eine Genauigkeit gewöhnt, die Britten und
Galliern oft fremd ist; die Verwirrung der Aus=
drücke, (impression, sentiment, configuration
of sentiments mit Perception und Apperception,)
überhaupt der zähe Materialismus mancher
Ausländer sowohl als die neue Verwirrung, der
Transscendentalsprache ist der Genauigkeit zu=
wider.

Also beantwortet sich auch die zweyte Frage:
»wie hangen die Begriffe von Ursache und Wir=
kung in unserm Erkenntniß zusammen?« Als
Ein Verstandesbegriff; nicht anders aber,
als (wie alle Verstandesbegriffe,) an der Er=
fahrung erwacht und vom Verstande
gebildet. Beyde Begriffe sind relativ,
Ein Begriff also in zwey Gliedern. Von der
Ursache weiß ich nichts, als durch die Wirkung;
diese verstehe ich nicht, als durch ihre Ursache.
Dem Verstande sind sie, und wenn hundert
Jahre sie trennten, unauflöslich beysammen:
denn Ein Begriff ist nur im andern gegeben.
Die kritische Philosophie gieng völlig fehl, da
sie Hume's Zweifel durch die Zeitfolge auflö=
sen wollte, die hiebey nichts erkläret, auch hie=

her

her nicht gehöret; der Verstand kennet keine
Zeitfolge in Verbindung seiner Begriffe von
Ursache und Wirkung; in und durcheinan=
der sind sie ihm gegeben. Eben deßhalb aber
ist dieser Begriff auch nicht „ohne und vor aller Er=
fahrung denkbar:“ ohne diese sind beydes leere
Begriffe, da ich, was Ursache ohne Wirkung
sey, nie, jene also in dieser, diese in jener er=
fahren muß, indem ich sonst ewig ein o══o
konstruire. Hierüber hatte Hume klare Be=
griffe, indem er, gleich Berkeley, *) Abstrak=
tionen ohne Gegenstände, gar Allgemeinheiten, **)
(also ein kritisches Schema) und ihre Sche=
mate nicht nur für ungereimt, sondern für
das Kriterium der Absurdität erkannte. ***)

Blos

---

*) Introduction to the principles of human know-
ledge, und im Buch selbst häufig.

**) It seems to me not impossible to avoid absurdi-
ties and contradictions, if it be admitted, that
there is no such thing as abstract and general
ideas, properly speaking; but that all general
ideas are in reality particular ones, attach'd to a
general term, which recalls upon occasion other
particular ones, that resemble in certain circum-
stances the idea present to the mind. Essay XII.
p. 240. Note.

***) Essay XII. p. 237.

Blos Mißverständniß seiner selbst, (not-
connexion of Ideas) und skeptischer Schlummer
wars, wenn Hume das Verstandhafte (the
intellectual connexion) der Begriffe von Ursa=
che und Wirkung nicht anerkennen mechte; und
er widerspricht sich hierüber von Seite zu Seite.
Als Begriffe (ideas) müssen sie dem Ver=
stande zugehören, ob sie gleich nicht anders als
in einzelnen Fällen anerkannt sind und ihre
Anwendung finden. Auch war es ein Miß=
verständniß dessen, was man Vernunft und Erfah=
rung (reason and experience) nennt, wenn er
diese Begriffe einander entgegensetzte, als
ob jene ohne dies: in Sachen der Erfahrung
irgend nur statt fände. Kann jemand über Sa=
chen bürgerlicher Verfassung und Lebensführung
(of civil government and conduct of life) aus
Vernunftgründen (from reason) nur urtheilen,
wenn er nicht aus Erfahrung (from experience)
weiß, was bürgerliche Verfassung und Lebens=
führung sey?*)

Daß unser Urtheil über Ursache und Wir=
kung sich durch mehrere Erfahrung bildet,
ist kein Einwand; mit allen Verstandesurtheilen,
ja mit der Uebung jeder Kraft hat dies Urtheil
diese Uebung gemein; und daß es sich als ein

allge=

---

*) Essay V. P. I. Note.

allgemeiner Begriff jedem einzelnen Fall,
wie wenn es der erste und einzige wäre, anfü=
gen müſſe, erfordert ebenfalls ſeine Natur als
einer Verſtandeserfahrung. Daß die Vernunft
einer ſolchen Aenderung, d. i. Anwendung un=
fähig ſey, *) iſt ihrem erſten Begriff zuwider:
denn kein Geſetz der Mathematik (z. B. von
der Kraft elaſtiſcher, weicher, flüßiger Kör=
per u. ſ. iſt ohne dieſe Specialanwendung (variation.) Auch wird durch lange Syllogismen
die Verbindung zwiſchen Urſache und Wirkung
nicht gefunden; **) beyde werden weder zu=
ſammengekoppelt noch zuſammengenähet (con-
jointed, connected); ſondern ſind Ein rela=
tiver Begriff. Vom erfahrenden Verſtande
werden ſie anerkannt und diſtribuiret.

Es ergiebt ſich hieraus die Auflöſung der
dritten Frage: mit welcher Gewißheit
beyde Begriffe in = einander gegründet ſind?
Mit nothwendiger Gewißheit, weil Wir=
kung ohne Urſache, Urſache ohne Wirkung dem
Verſtande nichts iſt; ſie fallen in = einander,

N 2   relativ=

---

*) Reaſon is incapable of any ſuch variation &c.
   Eſſay V. p. 75.

**) No reaſoning can ever give us a new, original,
   ſimple idea; this therefore can never be the original of that idea. Eſſay VII. Note p. 103.

relativ=identisch. Nur kommt es darauf
an, in welcher Region der Gewißheit
die Gegenstände sind, an denen sie haften.
Sind es sinnliche Gegenstände: so ist ihre Ge=
wißheit sinnlich. Z. B. daß Feuer brennt.
Ist das Feuer kein Feuer, der brennbare Kör=
per nicht brennbar: so findet keine Verbindung
zwischen Ursache und Wirkung statt; das Ver=
standesurtheil selbst aber bleibt nothwendig und
unbeweglich. Ob ein klarer Strom ertränke?
ist mir unbewußt, solange ich Strom und Ge=
fahr, d. i. Ursache und Wirkung nicht kenne:
denn von unbekannten Dingen kann kein Men=
schen=, Engel= und Götterverstand urtheilen.
Daß zwey glatte Marmorflächen luftberaubt
aneinander hangen, weiß nur der, der die Be=
schaffenheit der Luft kennt; die Kraft des
Schießpulvers nur der, der die Kraft seiner
Ingredientien kannte und erprobte. Er er=
probte sie aber nur Kraft seines, Ursache in
Wirkung anerkennenden Verstandes. Daß
2 + 2 = 4 ist nicht gewisser, als: „Ursache
geben Effekte, gleiche Ursachen gleiche Effekte.‟
. Da es Hume mehr um Zweifel, als um
Auflösung der Zweifel zu thun war, so gab er
seine Beyspiele, ohne die Region zu bestimmen,
in welcher sie beantwortet werden sollten: denn
ohne Zweifel antwortet der gemeine und phi=

losophische Verstand über die Verbindung zwi=
schen Ursache und Wirkung anders. Z. B. ob
morgen die Sonne aufgehen werde? Der ge=
meine Mann, der von der Ursache ihres Auf=
und Unterganges nichts weiß, kann darüber
nicht antworten; er erwartet nach dem Gesetz
der Aehnlichkeit, d. i. der bisher gehabten Er=
fahrung. Der Mathematiker, der die Gesetze
des Auf= und Unterganges der Sonne kennet,
antwortet aus Gründen, die in sich sicher blei=
ben, wenn morgen auch die Sonne nicht auf=
gienge, d. i. wenn heute die Ordnung aller
Himmelskörper gestört würde; mit dieser neuen
Ordnung träten nämlich andere Gesetze ein,
eben so sicher wie jene. Das Band zwischen
Ursache und Wirkung bleibt ungefährdet;
weder dort noch hier konnte es willkührlich ge=
setzt oder geändert werden. Eine Analyse
dessen, was Kraft ist, gehörte zum Urtheil des
Verstandes nicht, sondern Anerkennung
der Kraft in der Wirkung.

Eben so wenig gehörte dazu, daß der Ver=
stand alle Mittel einsehen müsse, durch welche
die Kraft wirket. Wenn mein Wille den Arm
bewegt, darf er nicht alle Muskeln und Bän=
der des Arms kennen; vielmehr würde durch
eine dergleichen anatomische Anschauung seine
Anerkennung eher zerstückt und aufgehalten,

Die

Die Kraft seines Arms ist in der That, der
Wille des Künstlers in der Hervorbrin=
gung des Werkes. Die erste innige Em=
pfindung: „ich will und es wird!" knüpfte auf
die ganze Lebenszeit des Menschen für ihn Ur=
sache und Wirkung.

So wenig unauflöslich sind Hume's Zwei=
fel, die einzeln hier nicht verfolgt werden kön=
nen. Durch die seit Leibniß bey uns ge=
nauer bestimmte psychologische Sprache lösen sie
sich, sobald man den Begriff Kraft nicht vor
die Augen gemahlt haben will, selbst auf; und
dies Mahlen oder Anschauen der Kraft im
Spiegel hatte schon Berkeley als ungereimt
gerüget.

Dem kritischen Philosophen dünkte es anders.
Hume's Zweifel schienen ihm so wichtig, daß
er sie auf alle Verknüpfungen der Dinge an=
wandte; daher er dem Verstande auftrug, sie
sämmtlich a priori ohne und vor aller Erfah=
rung zu verknüpfen. Aus Hume's drey klei=
nen und leichten Versuchen entstand die Kritik
der reinen Vernunft, ein neues Karthago.

Unglücklicher Weise schlich sich hiebey ein
Mißverstand des Worts a priori ein, den Hu=
me selbst sehr ernst von sich ablehnen würde.
In seinen popular geschriebenen Versuchen hatte
er dies Wort dem gemeinen Redeausdruck nach
gebraucht,

gebraucht, daher ers auch auf Gegenstände bür=
gerlicher Verfassung und täglicher Lebensfüh=
rung anwandte. A priori hieß ihm nichts, als
was ich aus Gründen durch sich selbst er=
kenne, ohne es erst aus der Erfahrung zu ler=
nen; ob aber meine Gründe nicht auch an der
Erfahrung voreinst Grundsätze geworden? blieb
ihm völlig unbeachtet. Noch weniger dachte er
dabey an ein Raisonniren (reasoning) vor aller
und außer aller menschlichen Erfahrung: denn
seinem System nach, das alle Ideen auf Ein=
drücke (impressions) sogar gründet, und dem
Verstande alle Kraft abspricht, durch sich selbst
(reasoning) zu Einer neuen Idee zu gelangen,
mußte er eine solche Isolirung und Priorisirung
des menschlichen Verstandes überhaupt für un=
gereimte Sophisterey und Illusion erklären. *)

N 4   „Ins

---

*) Im 12ten Versuch hat er sich deutlich genug hierüber
erklärt. Er schließt ihn also: „Gehen wir von diesen
Grundsätzen überzeugt, unsre Büchersammlungen durch,
welche Verheerung müßten wir anrichten! Nehmen
wir z. B. einen Band theologischer oder Schulmeta=
physik in die Hand, so laßt uns fragen: „enthält
er abstrakte Vernunft über Zahl und
Größe?“ Nein. „Enthält er Erfahrungs=
vernunft über wirkliche Dinge oder Fakta?
Nein. So mit ihm ins Feuer; er kann nichts als
Sophisterey und Täuschung enthalten.“ S. 250.

„Ins Feuer! würde er gesagt haben, mit die=
sem unkritischen Buch; sein schwangrer
Schoos enthält eine Bibliothek von Sophiste=
reyen und Illusionen.‟

So David Hume. Das mißverstandene
„a priori‟ indeß zog eine Reihe andrer mißan=
gewandten Worte insonderheit der Mathematik
nach sich; von vielen davon mögen nur einige
zur Probe dienen:

II. Probe mißangewandter mathematischer Begriffe und Worte.

1. „A priori.‟ Was der Mathematik
das Wort heiße, ist angeführt; *) ganz anders
wird es genommen, wenn es in der Trans=
scendentalphilosophie den Verstand vor und über
alle Erfahrung hinaussetzen soll, damit er An=
schauungen, Kategorieen, Schemate aus sich
spinne, und Gegenstandlos sich Verstandesge=
genstände erträume. Wie dies Unternehmen a
priori, d. i. an sich selbst keinen Sinn hat,
so zeigt seine Ausführung a posteriori, daß es
mit Anschauungen, Kategoricen und Schema=
ten mißglücken mußte. **)

2. Syn=

---

*) S. Th. 1. der Metakritik, Abschnitt 1.

**) Kein prius ist ohne ein posterius, kein πρότερον
ohne υστερον denkbar. Aristoteles selbst ordnete beyde
Begriffe

2. **Synthesis a priori.** In der Mathematik bezeichnet das Wort Synthesis eine Methode; neben der Analyse hat die synthetische Methode ihre Regeln und Vortheile, ohne jene entbehrlich zu machen oder ihren Werth zu mindern.

Ohne Zusammenhang, auf einzelne Sätze angewandt, da analytisch ein erläuterndes, synthetisch ein erweiterndes Prädikat bezeichnen soll, wird die Eintheilung ein scherzhafter Reim. Dem Einen erweitert, was dem andern nur erläutert und wech-

N 5   selbs-

Begriffe nur auf- und zu- einander nach Verhältnissen des Orts, der Zeit, der Bewegung u. s. κατα τοπον, χρονον, κινησιν, δυναμιν, ταξιν, γνωσιν, φυσιν, το βελτιον, τιμιωτερον u. s. Sich Eins ohne das Andere, ein Vor ohne Nach zu denken, und auf diese Trennung, als ob sie ein Begriff wäre, ein System zu bauen, hebt wie eine Vorder- ohne Hintenseite sich selbst auf. Man hat die kritische Philosophie ein dargestelltes Hysteron proteron genannt, in dem das Posterius Antlitz und das Antlitz Posterius sey. Da man aus ihr bereits den Raum und die Zeit gemahlt hat, so liesse sich ihr wesenhaftes Bild, das Posterius als leeranschauendes Antlitz, das Antlitz als ein Posterius, worauf sich jenes leere Prius mit Absonderung alles Empirismus setzt, auch mahlen.

felsweise. Ueberdem führt diese Eintheilung
vom reinen Begriff des Urtheils weg, bey wel=
chem es Haupt=Augenmerk seyn muß, daß das
Prädikat dem Subjekt zukomme, aus wel=
chen Gründen es ihm auch zukommen möge:
denn alle unsre Begriffe hangen zusammen,
und woher die Erweiterung geschehe, so muß
Verbindung des Subjekts mit dem Prädi=
kat statt finden, wie das Wort Synthesis selbst
sagt. Erläuternd und erweiternd, erweiternd
und erläuternd, ist sie das Hauptwerk. *)

Gleich

---

*) Offenbar hat Hume zu dieser Disjunktion sowohl,
als zu dieser Benennung verführt, da er von Ursache
die Wirkung als einen neuen Begriff trennte; eben
diese Trennung aber war des Humischen Zweifel=
Begriffs Fehler. Die Wirkung kann später gefunden,
oder als neu bemerkt werden; sie war aber, (δύναμει)
solang' ihre Ursache war, in ihr. Erkennen wir diese,
d. i. das Subjekt: so erkennen wir in ihr auch das
Prädikat, die mögliche Wirkung, die als eine versteckte
Eigenschaft jenem gehöret. Schrieben wir sie zu=
erst, unwissend des Zusammenhanges, dem Subjekt
synthetisch zu: so analysiren wir sie jetzt aus ihm
mit vollständiger Erkenntniß. Weit gefehlt also, daß
Synthesis die vollkommenere Erkenntnißart seyn
sollte; entweder ist sie ein hypothetisches erstes Ergrei=
fen eines Begriffs, der so lange noch in der Irre ge=

het,

Gleich Hume's Zweifel beruhet die kritische Philosophie also auf einer unstatthaften Disjunktion; ihr Neues ist etwas Altes und Falsches, ein übel angewandter, bey hellerem Licht verschwindender Humischer Zweifel.

3. Transscendental. Aus der scholastischen Philosophie hatte die Mathematik das Wort genommen, um damit Gleichungen zu bezeichnen, die auf keine gewöhnliche algebraische Gleichung zurückgeführt werden können, z. B. worinn die unbekannte Größe keinen gewissen Grad hat, der Exponent also eine veränderliche Zahl ist. Und sehr nutzbar hätte dieser Begriff in der Philosophie angewandt werden mögen, indem er gerade auf den Quell transscendentaler Irrungen, das Unstäte und Veränderliche der Transscendentalworte hätte führen mögen.

Die kritische Philosophie, statt ihn also zu nutzen, hat dagegen den alten scholastischen Begriff sogar trans = transscendiret. In eine Ge=

gen=

---

het, bis er dem Subjekt mit Grunde, d. i. analytisch zugeschrieben werden kann, und mit ihm, wie Wirkung mit der Ursache, Eins wird; (da dann die Synthesis, d. i. der erste hypothesische Versuch einer Zusammensetzung, sogleich verschwindet;) oder sie bleibt eine kritisch = diaktische Synthesis, d. i. Einfall, Dichtung.

genstandlose Welt gestiegen, aus welcher sie ohne Schemate nicht hinabsteigen kann, befindet
sie sich in dieser so verworren, daß ihre Transscendentalphilosophie der Logik bald entgegengesetzt, bald als ein eignes Vermögen und natür-
liches Geschäft der Vernunft, bald als ihr ärg-
ster Fehler behandelt wird u. s. f. Durchs ganze
Buch hin herrscht dieser Doppelsinn des Worts
transscendental, so daß man nicht weiß,
ob man transscendiren soll oder nicht soll? indem man bald will und nicht kann, bald kann
und nicht darf; am Ende aber doch auf ein
neues Transscendiren alles hinausgeht. Daher
dann auch jeder Lehrling der kritischen Schule
seinen Meister extransscendiret. Einer solchen
Transscendenz war weder Hume, noch irgend
jemand hold, der das daher entspringende Verderben aller Wissenschaften, und die bedaurens-
werthe Verschwendung der besten Seelenkräfte
aus vorigen Zeiten kannte. Wie man von einem Menschen nichts Schlimmeres sagen kann,
als: „Er hat sich selbst und alle Erfahrung
überstiegen: er brütet darüber, wie er ohne Verstand zum Verstande kommen, und vor allem
Denken das Denken, ohn' allen Gegenstand ein
Gegenstand möglich werde;" so ist das Unternehmen, auf solchem Luftball einer Transscen-
dental-Aesthetik, Analytik und Dialektik Jüng-

linge

Unge ins Land des Gegenstandlosen Nichts zu führen, statt sie nützliche Gegenstände kennen zu lehren, eine Reise in den Mond beym Schimmer eines Meteors, des reinen Vernunft=Unvermögens.

4. **Anschauung.** Was ich in der Mathematik anschaue, ist nicht die Figur, sondern ihr Verhältniß: denn bekannt ists, daß kein mathematischer Punkt, keine Fläche und Linie gezeichnet werden kann, wie es ihr Begriff fordert. Mathematisch also, d. i. geistig lernend (μαθηματικως) schaue ich an, um Begriffe rein anzuerkennen, die die Figur unvollkommen darstellt. Einen Schüler, der nur sinnlich angaffet, d. i. der ohne Begriff an der Figur haftet, wird jeder wahre Meister der Wissenschaft von ihr hinweg, auf das innere Anerkennen führen, ohne welches seine Wissenschaft ein kindisches Spiel ist. Zudem wird nicht alles in der Mathematik angeschaut; schon in der gemeinen Rechenkunst, geschweige in der Analysis, verschwindet das Angaffen gemahlter Figuren.

Die kritische Philosophie hat das Wort „Anschauung“ gewählt, um theils die Mathematik zu preisen, daß in ihr auf dem Anschauen alles beruhe, sintemal ihre eigenthümliche Art, ihr Wesen und Vorzug „nicht in Begriffen, sondern lediglich

lediglich in Construktion der Begriffe" liege; theils
hat sie, um selbst zur mathematischen Evidenz
zu kommen, für sich Anschauungen erdacht,
vor denen als leeren Phantasmen, man ja den
Lehrling warne. Denn nicht zu Laputa ein=
mal war man so weit gekommen, um „Formen
zu Anschauungen, Anschauungen ohne Gegenstände zu For=
men derselben zu machen, mittelst zweyer Anschauungen
die ganze Sinnenwelt fühlbar zu machen, und ohn' alle
Gegenstände sie alle zu formen. Keinem Gegenstande soll
Existenz zukommen, der sich nicht Anschauung in Raum
und Zeit zu schaffen weiß; dem Verstande, der Vernunft
mangelt das Anschauen völlig u. s." *) Als ob mathe=
matische Wahrheit anders, als ein Vernunft=
Begriff, d. i. im Geist anschaulich wäre.

5. Postulat. In der Mathematik enthält
das Postulat eine praktische Möglichkeit, die
durch sich evident ist, z. B. eine gerade Linie,
einen solchen und andern Cirkel zu ziehen u. s.
Was soll aber heissen, wenn man den Begriff
von Gott für die praktische Vernunft postuliret?
Ihn oder einen güldenen Berg in Gedanken zu
konstruiren, wenn er nicht erwiesen ist, gründet
weder

---

*) Man vergleiche das Projekt for improving speculative knowledge by practical and mechanical operations, (Swift's voyage to Laputa Chap 5.) um
zu sehen, wie weit man zu Laputa hinter der kritischen
Philosophie zurück war.

weder eine praktiſche noch theoretiſche Wahrheit.
Poſtulate der Art, (welches Wort bey theoreti=
ſchen Begriffen ganz auſſer Ort und Stelle iſt)
ſind H e i ſ ch e ſ ä tz e; ein Name, den man den
mathematiſchen „Forderungen‟ ungeſchickt bey=
legte, der aber den kritiſchen Poſtulaten gerecht
iſt. Sie h e i ſ ch e n, d. i. was ſie erweiſen
nicht können oder nicht wollen, wird trotzig
e r b e t t e l t, und eben ſo trotzig a u f g e d r u n=
g e n, als ob es keines Beweiſes bedürfe. Daß
mit dergleichen Poſtulaten alle wahre Philoſo=
phie verlohren gehe, iſt durch ſich ſelbſt klar.
Sie fordern nur Eine Tugend: „ſey dreiſt!
poſtulire!‟

6. A l l g e m e i n, a l l g e m e i n g ü l t i g. Der
Mathematiker konſtruirt ſeinen Triangel beſchei=
den für ſich ſelbſt und für jeden, der mit ihm
gleiche Vernunft hat. Was er an ihm erwei=
ſet, iſt nicht nur für dieſen Triangel, ſondern
für jedes ihm ähnliche Verhältniß erwieſen; im
Beſonderſten erweiſet er allgemeingültig das
Allgemeine.

Der Philoſoph kann ſeine allgemeinſten Be=
griffe nicht anders konſtruiren, als im B e ſ o n=
d e r n, im V e ſt b e ſt i m m t e n, wie ihm dazu
allenthalben die Natur ſelbſt den Weg zeiget.
In ihren Geſtalten, nach Individuen, Gattun=
gen, Geſchlechtern, nur im Beſondern konſtruirt

ſie

sie das Allgemeine. Verliert man diesen Weg, und will jenseit aller Erfahrung der Natur vorschreiben, Gesetze geben, wie sie konstruiren solle: so bauet man ein Gebäude vom Dach herunter. Lehrsätze, mit Universalität, Allgemeingültigkeit, absoluter Vollständigkeit u. s. f. ausgeschmückt, treten prächtig ans Licht, die aber lieber Leersätze, (Kenologie,) heissen sollten, weil sie aufs Besondere zurückgeführt, nirgend gelten. Nichts ist leichter, als bekannte Sätze ins Allgemeine hinaufzuspielen, wo sie vor lauter Allgemeinheit und Allgemeingültigkeit in die Wolken fliegen, um dort wie Dünste zu verschwinden. Keine Philosophie war auch je so reich an allgemeinen Prachtworten als diese, sogar daß sie jenseit der Erfahrung sich eine Fabrik allgemeiner Denkpostulate anzulegen getraute, und der Vernunft kein ander Geschäft weiß, als daß sie nach dem „All" in Form einer Gewißheit laufe, die, recht betrachtet, alle Gewißheit aufhebt. Dürftiger aber ist auch wohl keine, als mit ausstaffirter Allgemeingültigkeit der bekanntesten Gemeinsätze diese Philosophie gewesen; eine Schematopöie im griechischen Wortverstande, d. i. eine Gestikulationslehre für die reine Vernunft a priori. Durch diese üble Nachahmung mathematischer Allgültigkeiten hat die kritische Philosophie eine Gestalt

ſtalt genommen, die dem Mathematikverſtändi-
gen ſehr zuwider wird, da er die Worte ſeiner
Wiſſenſchaft mißangewandt und mißbraucht,
kurz auf Wortſtelzen m a t h e m a t i ſ c h e
M ä n n c h e n ſiehet, die nichts bedeuten.

* * *

Darf ich fortfahren? ich muß. Noch weiter hat Hume die kritiſche Philoſophie wider
Willen verführet. In ſeiner läßigen Art zu
philoſophiren nahm er Eindrücke und Ideen
an, (impreſſion and ideas) aus welchen er das
ganze Gebäude menſchlicher Erkenntniſſe beſte-
hend glaubte; worüber ihm dann, zumal über
den verſchwendeten Namen der Ideen, von
mehreren ſeiner Landsleute über Verdienſt harte Vorwürfe gemacht ſind. Die kritiſche Philoſophie geht hierinn Hume'n nach, zu einem
Ziel, wohin er nicht wollte. Durch eine leicht-
hingeworfene Behauptung, *) „daß es zwey Stämme menſchlicher Erkenntniß, Sinnlichkeit und Verſtand
gebe, deren gemeinſchaftliche Wurzel unbekannt ſey,“ wird

III. Ein Zwieſpalt der menſchlichen Natur
errichtet, in welchem nicht nur beyde Stämme
Wurzellos als Trauergeſtalten daſtehn, ſondern
auch

---

*) S. 1. 29. 33. u. f.

Zweyter Theil.   O

auch der Weg ins Land andrer Zertheilungen, Widersprüche und Doppelgestalten ohn' Ende und Ziel gebahnt war. Z. B.

1. **Spaltung der menschlichen Erkenntnißkräfte.** Schon die Grundfragen dieser Philosophie, „wie komme Ich zur Vorstellung irgend eines Objekts? wie zu einer Erfahrung? wie aus Erfahrungen zu einem System?" zeigen den **Geist der Spaltung,** in welchem Hume Ursache und Wirkung trennte. Da nun in dieser Philosophie Alles, mithin jede Erkenntnißkraft eine Form a priori bekam, so entstand Noth über Noth, wie wiederum diese Formen zueinander kommen möchten? d. i. wie die Sinnlichkeit Verstand, der Verstand Vernunft werde? Hatte z. E. der Taschenspieler Verstand aus seinem Kategorieenbehältniß Begriffe in die Gegenstände gespielet; urtheilen konnte er deßhalb noch nicht. Die Vernunft eben so wenig, die, wie Orion, im Reich der Schatten Luftbilder jaget; zwischen beyden mußte einer besondern „Urtheilskraft" eine Bank errichtet werden, und doch können die Kategorieen nicht hinunter, als durch „Schemate." Am übelsten gieng es hiebey der gesammten Sinnlichkeit. Von zwey leeren langweiligen Larven, Raum und Zeit, die ihre Form formlos tragen, hinweggescheucht, verschwand sie; man hört von ihr nur unter dem bösen Namen

Empi

Empirismus. Ein Land voll Klüfte wird die menschliche Seele, eine traurige Mondcharte.

2. Und, wie sie, spaltet sich die ganze Natur in „Erscheinungen," die der Verstand mittelst jener Formen sich selbst schaffet, und in das „Ding an sich, $= x$," von dem wir zwar nichts wissen, zu dem wir auch nicht ge= langen, das aber doch ein gar merkwürdiges Ding ist $= 0$ und $= \infty$, von allem was er= scheint, ewig gesondert.

3. In die Vernunft selbst trat der Zwiespalt, nicht nur durch Antinomieen, die ihr natürlich, unableglich sind; sondern durch die Entdeckung, daß wir zwey einander entgegengesetzte Vernünfte, die theo= retische und praktische haben. Jene ein uns vorschwebendes Irrlicht; diese gebietet ka= tegorisch ohne Vernunftgründe. Zu zweyen Welten gehört der Mensch; aus der übersinnli= chen verstehet und weiß er zwar nichts, dafür soll er in ihr aus übersinnlicher sich selbst gebie= tender Freyheit handeln. Was die theoretische Vernunft als Widerspruch erkannte, und als Vernünfteley erwies, darf die praktische als Postulat aufnehmen, u. f. Statt daß man die kritische Philosophie die zermalmende genañt hat; (sie hat bisher nichts zermalmet) hätte man sie also eher die zerspaltende (philo-

D 2   sophia

ſophia ſchismatica) nennen ſollen: denn wohin
ſie blickt, werden Antinomieen und Spalten.
Dichotomieen ſind ihr Werk, ſie wundert
ſich irgendwo ſogar, daß ſich nicht Alles in zwey
ſpalte. Eine ſcharfſinnige Philoſophie! Bis auf
Sylben und Buchſtaben, wie z. B. Deiſt und
Theiſt, Transſcendent und Transſcendental und
ſo viel andres geſpaltenes Spinnengeweb zeiget
ſie den künſtlich = geſpitzten Wortſcharfſinn, den
die engliſche Sprache mit dem Wort cant längſt
nannte.

Wie anders die Natur! Auch ſie liebt Aus-
einanderſetzung, Gegeneinanderſtellung, Anta-
gonismus; aber aus Einem zu Einem. Ihre
Farben verlieren ſich ineinander; ihre Antipho-
nieen heben einander, ihre Gegenſätze verſchmel-
zen. Ein leiſer Faden knüpft die dunkelſte
Empfindung mit der helleſten Vernunfthandlung;
alle Erkenntnißkräfte beſchäftigt daſſelbe Werk,
Innewerden, Anerkennen, ſich aneig-
nen. Das Unterſte arbeitet dem Oberſten vor,
nach Einem und demſelben Geſetz, in Einer viel-
artikulirten Symmetrie, Harmonie, Eintracht.

Auch unſre ältere Philoſophie war auf dieſer
Bahn; ſeit Bako führte jede Entdeckung im
Reich der Körper und Geiſter ſie darauf weiter.
So ſorgſam Leibnitz, (dem Descartes hierin
zu nahe) Körper und Geiſter ſchied: ſo wahr

und

und veſt band er beyde durch die ſogenannten
dunklen Begriffe, (notiones confuſas) an=
einander und unſre Seele ans geſammte Uni=
verſum. Wie Nebelſterne durchs Fernrohr ſich
in Milchſtraßen auflöſen: ſo entwickelt ſich uns
aus dunkeln Empfindungen eine Welt von Ge=
genſtänden, Farben, Tönen, ſobald der Ver=
ſtand ſich zu ihrer Erkennung ein Werkzeug zu
verſchaffen weiß. Viele Nebel ſind aufgelöſet,
andre werden aufgelöſet werden; die Ausſicht
muntert auf; ein Unendliches liegt auſſer und
in uns, zu dem wir kommen mögen; dagegen
der kritiſchen Philoſophie zufolge die uns ein=
wohnende Thörinn Vernunft a priori ewig und
ewig nach Wortphantomen jaget.

Natur der Sache wars, daß aus dieſen
Zertheilungen

IV. Eine Verwirrung im Hauptbegriff
des Werks

entſtehen mußte. „Kritik der reinen Vernunft?“
Reine Vernunft heißt richtige Kritik; Kri=
tik alſo der richtigen Kritik, ohne welche es
keine Kritik giebt. Denn Krümmen zu bemer=
ken, muß eine gerade Linie, Abweichungen ein=
zuſehn, ein Richtmaas zum Grunde liegen, ſo
daß eine gerade Linie, ein vollkommener Cirkel
nur durch ſich ſelbſt kritiſirt werden kann. Iſt

D 3   die

die reine Vernunft so unrein, daß ihr sogar
ein Kanon fehlet; ohne Kanon ist sie einer
Zurechtweisung weder fähig, noch würdig. Und
doch soll wiederum diese undisciplinable reine
Vernunft alle Kultur des Menschengeschlechts
bewirken, ja dem Entwurf nach noch vor Ab=
lauf unsres Jahrhunderts bewirkt haben.

Ohne Kriterien findet keine Kritik statt;
was würde man vom Kritikus einer Kunst
denken, der ihre Betrügereyen aufdecken wollte,
die Zeichen aber, an denen diese Betrügereyen
verabredet oder natürlich haften, nicht
nur fein verschwiege, sondern in ihrer Hand=
habung selbst die größeste Kunst zeigte? Du
wirst eine Menge Schüler haben, (darf man
ihm prophezeyen) die dich aus= und überver=
nünfteln wollen; dein Zweck aber, die mensch=
liche Vernunft zu reinigen, mißlang, weil du
ihn selbst nicht rein nahmest.

Sprache ist das Kriterium der Vernunft,
wie jeder ächten Wissenschaft, so des Verstandes;
wer, gesetzt es geschähe auch durch den feinsten
Scharfsinn, sie verwirret, verwirret die Wissen=
schaft, verwirret den Verstand des Volkes, dem
sie gehöret. Und diese Sprache nennet sich kri=
tisch? d. i. genau, bestimmt, bis zum Krite=
rium deutlich: schwerlich ist der Name Kritik

je

je gemißbraucht worden, wie bey dieser kriti=
schen Sprache.

Zusammenhangend, höchstsystematisch nenne
man diese Philosophie; als ob ein Gebäude von
Fiktionen auch mit unzählichen Eintheilungen
und Kettengliedern aneinander gehängt, ein
System seyn könnte! Beruhet in ihm nicht Al=
les auf der Fiktion einer reinen Vernunft vor
aller Erfahrung und einer Synthesis a priori?

Durch alle Abtheilungen begleitet die Kritik
der reinen Vernunft der Mißbegriff ihres Na=
mens. Das Wort Transscendental = Aesthetik
heißt eine Gefühlslehre, abstrahirt von allem
Gefühl; die Transscendental=Analytik und Dia=
lektik sind ihren Seelenkräften, selbst dem Na=
men nach, widrig zugetheilet: denn Analytik
gehet auf Demonstration, die der Vernunft zu=
kommt. Dialektik disputirt über das Wahr=
scheinliche, das zur Logik oder Rhetorik gehöret.
Da das Werk, wenn es seinen zweydeutigen
Titel aufgiebt, für nichts als eine kritische
Logik, angewandt auf einige meta=
physische Begriffe, geachtet werden kann: so
konnten, vom Transscendentalschein gesondert,
seine Theile keine ändre seyn, als

1.

Organik.

Philosophie der Sinnen- und Zeichenwelt.

2.	**3.**
## Noëtik.	## Dianoëtik.
### Philosophie der Verstandeswelt.	### Philosophie der Vernunftwelt.

4.

Noometrik.

Maaßbestimmung des Innewerdens jener drey Welten,

welche letzte, die schwerste von allen, einer Philosophie, die allenthalben nur Erscheinungen findet, fehlen mußte. Lambert, als er Logik und Metaphysik, d. i. Form und Materie besonders abhandelte, verfuhr wissenschaftlich; er sonderte was untereinander nicht gehöret, da die sogenannte Kritik der reinen Vernunft eine Zwittergestalt von Logik und Metaphysik, und (rückt ihre Theile zusammen!) eine sich selbstsetzende und selbstaufhebende Dichtung, ein Spiel mit sich selbst ist.

————

Leib-

Leibnitz,

vom philosophischen Vortrage. *)

„Philosophische Gewißheit, wenn auch der
„strengste Definitor sie bestimmte, kann nichts
„anders, als helle Wahrheit seyn. Keines
„Satzes bin ich gewiß, als durch seine mir
„helleinleuchtende Wahrheit."

„Metaphysische Kunstwörter muß man wie
„Schlangen und Ottern fliehn. Hast du ein
„Wort erklärt, so bleibe der Erklärung treu;
„und hättest du es auch nicht erklärt, so brau=
„che es dennoch Einmal wie das andre. Lie=
„ber Popular= als Kunstworte! Jene braucht
„jedermann in solchem Verstande; diese gehö=
„ren Einem Mann, Einer Sekte. Sie sind
„wie das Rothwelsch, von welchem Geß=
„ner in seinem Mithridat ein kleines Wör=
„terbuch gesammlet. Aber auch bey diesem
„Vokabulificium sollte man darauf sehen,
„daß man Worte nicht nach Lust und Willkühr,
„sondern mit Verstand und Vernunft bilde.
„Je schicklicher die Ursache ihrer Bildung ist,
„desto löblicher sind sie."

„Immer kann man Kunstwörter nicht ver=
„meiden; man würde sonst durch Umschrei=

D 5   „bungen

*) Leibnit. diss. de stilo Philosophico, Nizolii
commentar. philosoph. præmissa. Opp. omnia T.
IV. p. 36. seq. ed. Dutens.

„bungen sehr weitläuftig werden müssen; aber
„das ist gewiß, daß sich Alles, wenn gleich
„mit mehreren Worten, popular sagen läßt.
„Daher Nizolius nicht unrecht behauptet,
„„das sey für erdichtet, für unnütz, für nichts
„zu halten, was in der gemeinen Sprache nicht
„verständlich gemacht werden kann,„„ d. i.
„(wie ichs verstehe,) wofür sich kein Haupt=
„wort fände, unter welchem es sich, mit meh=
„reren Hauptbegriffen gesellt, deutlich machen
„liesse. „

„Denn Philosophen sind andern Menschen
„nicht immer darinn voran, daß sie andre
„Dinge wahrnehmen; sie nehmen sie nur an=
„ders wahr, mit dem Auge des Gemüths
„nämlich, mit Reflexion und Aufmerksamkeit,
„vergleichend die Dinge miteinander. Auf=
„merksamkeit der Menschen kann nun zwar nicht
„besser erweckt werden, als daß man die Dinge
„benennt; (der genannte Name war mir
„ein Merkmal des Gedächtnisses, andern wird
„er ein Zeichen meines Urtheils;) ausser
„diesem aber fehlt es so viel, daß Philosophen
„erhabnere und edlere Dinge vor andern Men=
„schen denken, daß vielmehr, ehe z. B. der un=
„vergleichbare Bako und andre treffliche Männer
„die Philosophie aus ihren Luftgängen oder
„aus dem Gebiet der Einbildungskraft auf
„unsre Erde zum Gebrauch des Lebens herun=
„terriefen, oft ein schlechter Alchymist gründ=
„lichere und bessere Begriffe von der Natur
„hatte,

„hatte, als mancher Philosophaster, der in der
„Celle seinen Hocceitäten oder Hoccitä=
„ten oblag."

„Es bleibt also dabey, was in Popular=
„worten nicht verständlich gemacht werden kann,
„falls es nicht durchs unmittelbare Sinnenge=
„fühl sich erprobet, ist Nichts und als ein
„Nichts aus der Philosophie zu verbannen.
„Daher mehrere sinnreiche Philosophen jene be=
„rühmten dialektischen Disputatoren dahin zu
„treiben pflegten, daß sie entweder alle ihre
„Kunstworte deutlich erklären, oder wenn sie
„diese Mühe scheuten, in einer lebenden Lan=
„dessprache ihre Gedanken sagen mußten. Zum
„Verwundern wars, wie sehr jene Dialektiker
„entweder aus ihrer Fassung geriethen, oder,
„wenn sie die Sache unternahmen, wie sehr
„sie sich dem Gelächter der Verständigen bloß
„stellten."

„Ists also gewiß, daß jede Sache ein
„Nichts sey, die nicht in Popular=Ausdrük=
„ken erklärt werden kann, so ists eben so ge=
„wiß, daß je popularer der Ausdruck ist, unt
„so heller die Rede werde; es sey dann, daß
„dabey durch zu weitläuftige Umschreibungen,
„dem Vortrage Vergessenheit, Dunkel und Ue=
„berdruß zuwachse. Diesen zuvorzukommen,
„ist ein Maas nöthig, die popularste Kürze,
„die kompendiöseste Popularität. Gewährt die
„gewöhnliche Sprache Worte, die eben so kurz
„und bestimmt sind, so enthalte man sich der

Kunst=

„Kunstworte. Insonderheit sey dies für Me-
„taphysiker und Dialektiker eine Grundregel:
„denn die meisten Dinge, von denen die Me-
„taphysik und Dialektik handelt, kommen in den
„Gedanken und Reden des gemeinen Mannes
„häufig vor, und werden in jeder Lebensart
„hin und wieder verhandelt. Durch dies öf-
„tere Vorkommen haben diese Materien so viel
„eigenthümliche, kurze, bekannte und natürliche
„Bezeichnungen erhalten, daß es eine Sünde
„ist, durch neuerdichtete, unbequeme und un-
„gewöhnliche Ausdrücke sie dunkel und sich selbst,
„bewundert von Unverständigen, Verständigen
„lächerlich zu machen. In der Mathematik,
„Physik und Mechanik sind oft neue Worte
„nöthig, weil ihr Innhalt dem Sinn nicht
„vorschwebt, auch im gemeinen Leben nicht eben
„vorkommt. In diesen Wissenschaften werden
„Sachen vorgetragen oder Eigenschaften der
„Dinge entdeckt, um die sich der große Haufe
„nur aus Noth bekümmert und sie dem Künst-
„ler überläßt. In der Philosophie aber müs-
„sen Kunst-Ausdrücke, wären sie auch etwas
„kürzer als die Popularsprache, sobald es, oh-
„ne weitläuftig zu werden, geschehen kann,
„dem Popular-Ausdruck weichen.

„Auch das ist wider die gemeine Meynung
„zu bemerken, daß beym genauen Philosophi-
„ren man lieber concreta nennen müsse, als
„abstracta. Ich sehe, daß Aristoteles dies mei-
„stens gethan hat. Πλεον, πλεον, τα προς τι sagt
„er

„er lieber als *τωτοτης, τωιοτης, εχιοη* oder wenn
„es ein griechisch Wort wäre, *προτιωτης.* Sei=
„ne Anhänger entschuldigen dies und halten
„sich für weit spitziger, wenn sie abstrakte Wör=
„ter häufen, da es doch erprobt ist, daß eben
„diese Sucht, abstrakte Worte zu erdenken,
„uns beynah die ganze Philosophie verdunkelt
„hat, da man solcher doch im Philosophiren
„völlig entbehren kann. Concreta sind wirkli=
„che Dinge; abstracta sind modi der Dinge,
„Verhältnisse derselben zu unserm Verstande,
„Fähigkeiten ihrer Erscheinung. Nun giebt es
„modi und eine Verflechtung von modis ins
„Unendliche, Qualitäten der Qualitäten, Zah=
„len der Zahlen, die, wenn sie lauter Dinge
„sind, nicht blos eine Unendlichkeit, sondern
„Widersprüche geben. Denn z/B. die Enti=
„tät ein Ens, wenn Realität eine Sache,
„die Aliquiddität ein Etwas ist, so ist
„auch die Form seiner selbst ein Theil
„des Begriffs seiner selbst, ein besondres Etwas.

„Wollte jemand einmal Elemente der Phi=
„losophie vollkommen festsetzen, der muß sich
„nothwendig fast aller abstrakten Worte enthalten.
„Ich weiß zwar, daß Hobbes ihnen einen
„Nutzen zuschreibt; soll ich aber die Wahrheit
„sagen, so habe ich beym genauen und stren=
„gen Philosophiren nie einen großen Vortheil
„abstrakter Wörter, wohl aber viele und große
„und sehr schädliche Mißbräuche derselben er=
„fahren. Im exoterischen Vortrage, glau=
„be

„be ich, haben abstrakte Wörter, am rechten
„Ort gebraucht, ihren Nutzen; sie geben der
„Meynung eine Spitze und heften die Auf=
„merksamkeit fest, daß man sich vor jetzt frem=
„der Gedanken entschlage. Sie sind hier z w e y=
„t e B e g r i f f e, (notiones secundæ) denen
„überhaupt ich die abstrakten Worte aus vielen
„und wichtigen Ursachen gleichschätzen möchte.
„Denn allgemein denke ich so: wenn jemand
„statt wirklicher Dinge Abstraktionen setzt, so
„spricht er nicht nur tropisch und überflüßig,
„sondern es ist, als ob er sagen wollte: „das
„ist gewiß so! daran kann niemand zweifeln!
„wer Acht hat, muß dies bemerken! u. s.;"
dergleichen Variationen zum genauen Philoso=
phiren in Definitionen, Eintheilungen, Demon=
strationen durchaus nichts thun.

———————

Zugabe.

Neueste Nachricht

von

einer kritischen Fakultät

der

reinen Vernunft.

„Es war kein übler Einfall desjenigen, der zuerst den Gedanken faßte und ihn zur öffentlichen Ausführung vorschlug, den ganzen Innbegriff der Gelehrsamkeit, (eigentlich die derselben gewidmeten Köpfe) gleichsam fabrikenmäßig, durch Vertheilung der Arbeiten zu behandeln, wo, so viel es Fächer der Wissenschaften giebt, so viel öffentliche Lehrer, Professoren genannt, als Depositöre derselben angestellt würden, die zusammen eine Art von gelehrtem gemeinen Wesen, Universität, (auch hohe Schule) genannt, ausmachten, die ihre Autonomie hätte, (denn über Gelehrte als solche können nur Gelehrte urtheilen,) die daher vermittelst ihrer Fakultäten (kleiner, nach Verschiedenheit der Hauptfächer der Gelehrsamkeit, in welche sich die Universitätsgelehrten theilen, verschiedner Gesellschaften) theils die aus niedern Schulen zu ihnen aufstrebende Lehrlinge aufzunehmen, theils auch freye, (keine Glieder derselben ausmachende) Lehrer, Doktoren genannt, nach vorhergehender Prüfung, aus eigner Macht mit einem von jedermann anerkannten Rang zu versehen; (ihnen einen Grad zu ertheilen,) d. i. sie zu kreiren berechtigt wäre. " *)

Auf

*) Der Streit der Fakultäten von Kant. Königsb. 1798. S. I.

Zweyter Theil. P

Auf diesem Wege „durch einen nicht übeln Einfall"
sind Universitäten nicht entstanden; als S ch u=
le n entstanden sie; ihr Zweck ist, Schule zu
seyn; deßhalb heissen sie hohe S chulen.
Lehrlinge aus niedern Schulen sollen sie nicht
blos aufnehmen (immatrikuliren) sondern
unterrichten und zu tüchtigen Mitgliedern
des Staats bilden. Dazu sind sie gestiftet;
ihre Mitglieder sind Lehrer. Deßhalb ist ih=
nen auch die Macht verliehen, nach vor=
hergegangener Prüfung geltende Zeugnisse aus=
zustellen, weil man ihnen als Lehrern die
Geschicklichkeit dazu zutraute, und ihnen als
bestelleten Dienern des Staats Rechtschaf=
fenheit dabey zur Pflicht machte. Verliehen
ist ihnen diese Macht, nicht mit ihnen gebohren;
sie üben solche nicht als Gelehrte, sondern als
dazu bestellte Fakultäts = Mitglieder, ausser wel=
cher Fakultät ihr Urtheil blos eine Privatmey=
nung bleibet. Die Gültigkeit ihrer Zeugnisse
erstreckt sich nicht über die Grenzen der Obrig=
keit, die ihnen, solche zu ertheilen, M a ch t ver=
lieh; in fremden Ländern ist sie, ohne neue
Bestätigung, ein Titel, wie jeder andre, den
man aus der Ferne mitbringt, und in Anse=
hung der Geschicklichkeit ihrer Geschöpfe (der
Kreirten) wird Jedermanns Urtheil nichts we=
niger als gebunden. Zum Depositär der
Wissen=

Wiſſenſchaft, die ein Univerſitäts = Profeſſor zu treiben hat, iſt er nicht anders als jeder andre Lehrer beſtellet, daß er ſie ſelbſt wohl inne habe und rechtſchaffen lehre; weiter iſt bey ihm nichts deponirt worden. Bey vielen Depoſitörs wäre auch das Depoſitum, (wie die Geſchichte zeigt,) in ſchlechten Händen, da, wie hier angege= ben wird, in dieſer ihrer „Fabrik, nach einem nicht übeln Einfall, nicht nur der ganze Innbegriff der Gelehr= ſamkeit, ſondern die Köpfe ſelbſt fabrikmäßig behandelt werden ſollen.“ Oder das Depoſitum war bey den Depoſitörs in zu guten Händen, indem ſie es, unbekannt mit ihm, deponir= ten, d. i. nicht brauchten. Wiſſenſchaft über= haupt, die Immer = rege, immer Fortdringende, ſie, den lebendigſten Erwerb unſrer thätigen Er= kenntnißkraft, als das Depoſitum eines alten Schaupfennigs, Profeſſoren als Wächter dieſes Erbſchatzes zu denken, den ſie, (wie es die Natur eines Depoſitum fordert,) ja unberührt laſſen mögen, iſt ein Lob, womit man die Tod= ten beerdigt. Was die Univerſitätsgelehrten als Zunft betrifft, ſo verhält ſichs mit dieſer, wie mit allen Zünften. Sie hat Lehrlinge, Ge= ſellen, Altgeſellen, Meiſter; wohl ihr, wenn ſie jeden ſein Probeſtück rechtſchaffen ma= chen läßt und keinen ſich zur Schande kreiret. Sie hat Handwerksgebräuche, ihren

P 2   Gruß,

Gruß, eine Lade, Statuten; dies alles
hat sie nicht aus eigner, sondern aus verliehe=
ner Macht, die sie bey jedem öffentlichen Aktus
bekennet. Ihre Gerichtsübung ist abhängig
und untergeordnet, ein ihr aufgetragenes Ge=
schäft. Wer von einer ihr als Universität an=
gebohrner Autonomie, einer Autonomie in Wis=
senschaften redet, hebt den Begriff der Univer=
sität sowohl als der Wissenschaft auf. Zünf=
te, Gilden sind Universitäten im Staat, col-
legia licita privilegiata; für die Wissenschaft
sind sie Schulen, nichts mehr und nichts
minder. *)

„Außer

---

*) Die kritische Philosophie bildet sich eine ihr angebohr-
ne Machtvollkommenheit ein, Alles aus sich entstehen zu lassen, und fabrikenmäßig zu kreiren,
daher sie auch die Universitäten durch einen Einfall
entstehen läßt, ganz anders als sie nach Boullay,
Crevier, Conring u. s. wirklich entstanden. Wer
ihre Autonomie kennen lernen will, bekümmere sich
um ihre Statuten. Sogar den Fakultäts=Dekan hat
die kritische Philosophie aus dem Thierkreise herabge-
holt; und da sie, wie das Depositum der Wissenschaften, so auch den Thierkreis wahrscheinlich unter die
Dekane als einen Fakultätsschmuck, wie ihn einst die
Zauberer trugen, theilt, so entstehen daraus nach dem
bekannten Vers: sunt auries, taurus &c. folgende
State-

„Auſſer dieſen zünftigen kann es noch Zunftfreye
Gelehrte geben, die nicht zur Univerſität gehören, ſondern
indem ſie blos einen Theil des großen Innbegriffs der Gelehrſamkeit bearbeiten, entweder gewiſſe freye Corporationen,
(Akademieen, auch Societäten der Wiſſenſchaf-
ten genannt) als ſoviel Werkſtätten ausmachen;
oder gleichſam im Naturzuſtande der Gelehrſamkeit leben und
jeder für ſich ohne öffentliche Vorſchrift und Regel, ſich
mit Erweiterung oder Verbreitung derſelben als Liebhaber beſchäftigen.“ Unglück für die Fakultätsge-
lehrten, wenn ſie aus dem Naturzuſtande der
P 3 Ge-

Kategorien für die Univerſitäts - Fakultäten und ihre
Thierkreis-Dekane:

Kategorie der Fakultäten und Dekane von
der kritiſchen Philoſophie aus dem Thierkreiſe herab-
geholet:

1.
Theologiſche Fakultät.
Widder, Stier, Zwilling.

2.
Juriſtiſche Fakul-
tät.
Krebs, Löwe, Jungfrau.

3.
Mediciniſche Fakul-
tät.
Waage, Scorpion, Schütz.

4.
Philoſophiſche Fakultät.
Steinbock, Waſſermann, Fiſche.

Der Steinbock iſt, wie wir ſogleich ſehen werden,
der kritiſche Philoſoph für alle Fakultäten und Staats-
Beamte. S. Kants Streit der Fakultäten S. 3. Note.

Gelehrsamkeit herausgetreten, diese „Liebhaber"
nicht sind; eben solchen Liebhabern hat jede
Wissenschaft (denn ohne Liebe zur Sache ge=
schieht in Wissenschaften nichts) ihre wesentlich=
ste Erweiterung und Verbreitung zu danken.
Erasmus und Grotius waren keine Fa=
kultätstheologen und nahmen sich die Freyheit,
in der Theologie viel anzuräumen. Der Mönch
Roger Baco und sein großer Namensge=
nannter Franz Baco, Des=Cartes,
Leibnitz, Tsirnhausen, und wie viel andre,
die jede Wissenschaft nicht mit Worten, son=
dern Begriffen erweitert haben, waren Lieb=
haber der Wissenschaften, obgleich keine Fa=
kultäts = Depositöre. Als die Fakultäten
schliefen oder barbarisirten, stand eine freye
Gesellschaft der Liebhaber, die Akademie zu
Florenz auf; ihr sind in allen Ländern Euro=
pa's, auf Universitäten selbst, andre gefolgt,
denen wir die größesten Fortschritte der Wissen=
schaften zu danken haben. Leibnitz hielt von
diesen freyen Liebhabern der Wissenschaften viel,
und suchte sie allenthalben zu vereinen; er sagte
nicht: „außer zünftigen kann es noch Zunft=
freye Gelehrte geben," sondern: „es giebt solche;
unglücklich, wenn es solche nicht mehr gäbe."

„Von den eigentlichen Gelehrten sind noch die Literaten, (Studirte) zu unterscheiden, die als In-
στru-

ſtrumente der Regierung von dieſer zu ihrem eignen
Zweck (nicht eben zum Beſten der Wiſſenſchaften)
mit einem Amt bekleidet, zwar auf der Uuiverſität
ihre Schule gemacht haben müſſen, allenfalls aber vieles davon, was die Theorie betrifft, auch können ver-
geſſen haben, wenn ſie nur ſo viel als zu Führung
eines bürgerlichen Amts, das ſeinen Grundlehren nach
nur von Gelehrten ausgehen kann, erforderlich iſt, nämlich
empiriſche Kenntniß der Statuten ihres Amts (was
alſo die Praxis angeht) übrig behalten haben; die man alſo
Geſchäftsleute oder Werkkundige der Gelehrſamkeit nennen kann. Dieſe, weil ſie als Werkzeuge der
Regierung, (Geiſtliche, Juſtizbeamte und Aerzte)
aufs Publikum geſetzlichen Einfluß haben, und eine
beſondre Klaſſe von Literaten ausmachen, die nicht
frey ſind aus eigner Weisheit, ſondern nur
unter der Cenſur der Fakultäten von der Gelehrſamkeit
öffentlichen Gebrauch zu machen, *) müſſen, weil ſie ſich
unmittelbar ans Volk wenden, welches aus Idioten
beſteht, (wie etwa der Klerus an die Laiker) in ihrem Fache
aber zwar nicht die Geſetzgebende, doch zum Theil die
ausübende Gewalt haben, von der Regie-
rung ſehr in Ordnung gehalten werden, damit ſie ſich nicht über die richtende, welche den
Fakultäten zukommt, wegſetzen. **) Welche
richtende Gewalt haben die Fakultäten?
wer hat in Wiſſenſchaften eine richtende Gewalt

P 4   als

---

*) Vielleicht fehlen die Worte: Befugniß haben.
**) Kants Streit der Fakultäten S. 5.

als die Wissenschaft selbst, die innere Wahrheit
und Genauigkeit selbst? Und wer hat die
Stände, alle gelehrte Stände des Staats un=
ter die richtende Gewalt der Fakul=
täten gestellet? Und ist es nicht Schmähung
aller Stände, sie namentlich, Geistliche,
Justizbeamte, Aerzte, als Instru=
mente der Regierung, nicht eben zum Be=
sten der Wissenschaften, als Werkleute aufzu=
führen, die von Gelehrten wohl zu unterschei=
den seyn, weil sie zwar auf der Universität
ihre Schule gemacht haben müssen,
aber wohl nur empirische Kenntniß der Sta=
tuten ihres Amts übrig behalten haben.
Was sind Statuten des Amts? welche empirische
Kenntniß derselben erlangt man davon auf Uni=
versitäten? und welche, ehe es bekleidet wird,
ist bey vergeßner Theorie möglich? Und welch
ein Staat ists, der diese Geschäftsleute zu seinen
Instrumenten so unverständig macht, daß
er deßhalb vom Kritikus gewarnt werden muß,
weil sie sich „unmittelbar ans Volk wenden,
und zwar nicht die Gesetzgebende, doch aber
zum Theil die ausübende Gewalt, z. B. der
Klerus an die Laiker haben!“ — Wie diese,
so muß Euch der Staat in Ordnung halten,
Selbstdünkler, die ihr das Volk „Idioten,“ alle
Geschäftsmänner und Werkzeuge des Staats

Spott=

Spottweise „die Studirten" nennt, euch eine
„richtende Gewalt" über sie anmaaßet, die euch der
Staat nie verlieh, und von welcher kein Wa=
chender unter euch weiß, ja sie, alle Geschäfts=
träger des Staats, als ob sie ihre Gewalt
mißbrauchten, argwöhnisch injurilret. Wenn
sie, um ihr Amt führen zu können, manche
eurer Hirngespinste vergessen mußten, und
sich glücklich schätzten, wenn sie sie vergaßen;
(wahre Theorie wird durch die Praxis gewisser,
fester) so seyd Ihr, statt dem Staat vorzu=
schreiben, wie er sich gegen seine Geschäftsleute
verhalten soll, oder euch eine richterliche Censor=
gewalt über sie und den Staat anzumaaßen,
auf Eure Pflicht zu weisen, Lehrmeister
einer Schule, kurz Schulmeister seyd
ihr, wie euer Name sagt,*) ein nicht veräächt=
licher, sondern ehrwürdiger Name; seyd gute
Schulmeister, und der Staat wird euch ehren.
Die Grille eurer richterlichen Gewalt aber, ei=
ner obwaltenden Censur über alle Staatsdiener,

P 5 samt

---

*) Der Name Magister, magister scholæ, Schul-
und Kunstlehrmeister, (ein sehr schätzbarer Name)
ist älter als alle Fakultäten und ihre kreirte und miß-
kreirte Doktoren. Wer kein guter Lehrmeister
ist, von dem ist schwerlich zu begreifen, wozu er
als Lehrer auf einer Lehrschule wäre.

samt eurer Warnung vor ihnen, wird von „Idioten wie von Studirten, die ihre Schule gemacht haben," belacht und bedauret.

Ganz etwas anders zeigt die Geschichte. Geschäftsmänner waren es, die zum Besten der Wissenschaften aus reiner und freyer Einsicht viel thaten. Auf ihren Rath wurden Schulen, Gymnasien, Universitäten, Akademieen gegründet, ausgestattet, verbessert, geordnet. Sie unterdrückten Aergernisse der Männer, die „frey aus eigner Weisheit" sich oft sehr unfrey betrugen; sie steuerten der Unordnung alter Körper, die sich selbst nicht zu regieren wußten, und halfen den verfallenden Werkstätten der alten Universitätsgilde auf. In den Wissenschaften selbst schritten sie oft voran und zeichneten auf ihrem freyeren Standort Wege für alle Wissenschaften. Wem sind, um sie nochmals zu nennen, die Namen Bacon's, Sarpi, Grotius, Leibnitz, Montesquieu und so vieler, vieler andern unbekannt? Geschäftsmänner waren es und keine Fakultisten. Welch ein enger Gesichtskreis ists überhaupt, das unermeßliche freye Feld der Wissenschaften unter einige Cellen und Clausuren, (so viel diesen übrigens an ihrer Stelle Lob und Verdienst gebühre) zu vertheilen, damit sie Wissenschaften und Köpfe fabrikmäßig behandeln,

deln, und in ihnen jede Wissenschaft bey den
Depositörs deponirt werde.

„Eine Regierung, die sich mit den Lehren, also auch
mit der Erweiterung und Verbesserung der Wissenschaften
befaßte, mithin selbst in höchster Person den Gelehrten
spielen wollte, würde sich durch diese Pedanterey nur um
die ihr schuldige Achtung bringen, und es ist unter ihrer
Würde, sich mit dem Volk, (dem Gelehrtenstande
desselben,) gemein zu machen, welches keinen Scherz
versteht, und alle, die sich mit Wissenschaften bemen-
gen, über einen Kamm schiert. Es muß zum gelehrten gemeinen Wesen durchaus auf der Universität eine
Fakultät geben, die in Ansehung ihrer Lehren vom Befehl der Regierung unabhängig keine Befehle zu
geben, aber doch alle zu beurtheilen die Freyheit habe."*) Dazu ist keine Fakultät gestiftet; ein vom Befehl der Regierung unabhängiges, alle Befehle der Regierung censirendes
Amt, einen Apocrisiarium und Responsalem
negotiorum publicorum generalem, kennen keine
unsrer Universitätsstatuten, und wenn es ein
solches Amt durchaus auf der Universität geben
muß, so ist eine solche „vom Befehl der Regierung
unabhängige, alle Befehle derselben beurtheilende Fakultät,"
die magistralisch-kritische genannt, noch
zu stiften. Mit Anmaaßungen dieser Art schlägt
die kritische Philosophie ihrem eigenen Faß den
Boden

---

*) Kants Streit der Fakultäten. S. 8. ꝛ.

Boden aus, indem sie ihre eigentliche Ten=
denz unverholen angiebt. Schwerlich wird ein
Geschäftsmann, der auf Universitäten „keine
Schule gemacht hat, und das Volk, den Gelehrtenstand
desselben,“ kennet, zu Errichtung dieser kritischen
Kathedra rathen; weniger noch werden die Vä=
ter der Studirenden ein solch unabhängiges
Forum, vor welchem ihre Söhne „unabhängig vom
Befehl der Regierung aller Befehle der Regierung beurthei=
len lernen,“ wünschen. Die Regierung selbst end=
lich, die sich „mit dem Volk der Gelehrten, das kei=
nen Scherz versteht,“ nicht eben gemein zu ma=
chen Lust hat, und weder den „Kamm noch das
Scheermesser derselben“ fürchtet, wird ohne Furcht
für Kamm und Scheere sagen: „die Erweite=
rung und Verbesserung der Wissenschaften ist
nicht unter unsrer Würde; wir glauben dazu
auch etwas gethan zu haben; die erste Verbesse=
rungsregel ist aber die: ne sutor ultra — Pro=
fessor der Metaphysik, bleibe bey deinem Amt.
Unsre Befehle zu kritisiren, bist zu nicht gesetzt,
sondern Lehrlinge, was du gelernt hast, zu
lehren.“

„Es muß durchaus auf der Universität eine Fakultät
geben, die mit dem wissenschaftlichen Interesse, d. i. mit
der Wahrheit zu thun hat.“*) Jeder, der eine Wis=
sen=

---

*) S. 9.

senschaft redlich treibt, hat dieses Interesse der
Wahrheit, ohne welches es keine Wissenschaft
giebt; hat er es nicht, so wird es ihm seine
Fakultät nicht geben. Vielmehr zeigt die Ge=
schichte, daß durch Fakultäten, als Zünfte be=
trachtet, das Interesse der Wahrheit oft grob
beleidigt, die Wahrheit hintergangen und auf=
gehalten worden. *) Wahrheit in Fakultäten
verbietend einschliessen, heißt, vor aller Welt
Augen sie morden.

„Es muß durchaus auf der Universität eine Fakultät
geben, wo die Vernunft öffentlich zu sprechen berechtigt
seyn muß, weil ohne eine solche (Fakultät) die Wahrheit
nie an den Tag kommen würde." Jeder Vernünftige
muß mit Vernunft sprechen und handeln, öf=
fentlich und besonders ; mit dem Fakultäts=
Sprechen ists gewiß nicht ausgerichtet. Jeder
Diener des Staats muß die Vernunft in sei=
nem Geschäft und für dasselbe sprechen lassen;
er kann es der Fakultät nicht auftragen. Jede
Fakultät

---

*) Lese man hierüber nur die Geschichte der Universitäten.
Ausser den obengenannten und andern, die in jedem
Katalog der Literargeschichte anzutreffen sind, die un=
längst erschienene histoire de la Sorbonne, dans la-
quelle on voit l'influence de la Theologie sur
l'ordre social p. Duvernet, Paris 1790. Ein Recept
gegen alle politische Oberrichter und Apocrisarios auf
Universitäten.

Fakultät in ihrem Geschäft muß ein Gleiches
thun; sie kann es der neuzuerrichtenden kritischen,
und ihrem Worthabenden Apocrisiario nicht
überlassen, für sie vernünftig zu sprechen und
zu denken. Daß ohne ein solches kritisches Ka=
theder die Wahrheit nie an den Tag kommen
würde, ist eine Verhöhnung des menschlichen
Geistes und Herzens in allen Fakultäten, Ge=
schäften und Ständen; der kritischen Philosophie
eigenthümlicher Vorzug, der Ihr allein auch
eigenthümlich bleibe!

„Die philosophische Fakultät, darum, weil sie für
die Wahrheit der Lehren, die sie aufnehmen oder auch
nur einräumen soll, stehen muß, wird, in so fern
als frey und nur unter der Gesetzgebung der Vernunft,
nicht der Regierung stehend, gedacht werden müssen.“
Jeder Lehrstuhl wird also gedacht, sonst wäre
er nicht errichtet; oder er wird als ein von
der Lüge zur Lüge errichtetes Organ, das blinde
Werkzeug einer auf Betrug des Volks gerichte=
ten Regierung geschmähet. Die obern Fakul=
täten, wie die Geschäftsmänner und die Regie=
rung selbst, sind im angeführten Buch in ein so
schimpfliches, gehässiges Licht gestellt worden,
daß diese Probe „kritischer Vernunftbeurtheilung aller
Befehle und Anstalten der Regierung“ für die übri=
gen, die vom kritischen Katheder erschallen wür=
den, bürget. Kein Lehrer hat für eine andre

Wahr=

Wahrheit zu stehen, als die er selbst lehret;
für die stehe er ganz und „bemenge sich" nicht
mit dem, was für ihn nicht gehöret. Er ist
kein Oberrichter der Gesammtwahrheit; hat
auch bey ihr nichts weder ein= noch auszu=
räumen, als was seine Ueberzeugung fordert.

„Auf einer Universität muß ein solches Departement ge=
stiftet, d. i. es muß eine philosophische Fakultät seyn. In
Ansehung der drey obern dient sie dazu, sie zu kontrol=
liren."*) Dazu ist sie nicht gestiftet. Jeder
Lehrer soll seine Wissenschaft verstehen und treu
lehren; das Resultat davon in Ansehung seiner
Nutzbarkeit für das Werk andrer Lehrer und
für die Brauchbarkeit seiner Lehrlinge im Staat
findet sich von selbst. Sobald er einen andern
Lehrer „kontrollirt," schreitet er aus seinem Amt
und verdient die Kontrolle des Staats, d. i.
Zurechtweisung oder Ahndung. Denn wenn
der andre Lehrer gegen ihn dasselbe thäte, (und
warum sollte ers nicht dürfen, wenn ers
thun will?) so wird das Reich der Professo=
ren ein Reich der Kontrolleurs gegen einander,
zum Verderb der Lehrlinge, zur Schande der
Wissenschaften, zum Aergerniß der Welt. Und
wer ist der kritische General = Kontrolleur, der
alle drey obern Fakultäten, d. i. jede in ihnen
vor=

*) S. 25.

vorgetragene Wahrheit und Unwahrheit scheiden zu können, sich anmaaßte? Eine Fakultät **nach** der andern wird den Anmaaßenden mit dem Spruch heimsenden: „warte deines Amts, **und** laß deinen Vorwitz."

„Die philosophische Fakultät enthält zwey Departemente, das eine der historischen Erkenntniß, wozu Geschichte, Erdbeschreibung, gelehrte Sprachkenntniß, Humanistik mit allem gehört, was die Naturkunde vom empirischen Erkenntniß darbietet." *) — Dies Departement wird den hohen Beruf eines „Censoramts über alle Befehle der Regierung, unabhängig von ihren Befehlen, so wie das Oberrichteramt über alle Geschäftsleute des Staats," aus Liebe zu jeder jedem Lehrer angewiesenen Wissenschaft mit der alten Fabel ablehnen: „soll ich Oelbaum, Feigenbaum, Weinstock, meine nützliche süße Früchte aufgeben und hingehn, um alle Befehle der Regierung und ihre Werkleute zu richten? Dem spitzigen Anbringer, dem kritischen Dornbusch bleibe die Ehre."

„Das andere Departement der philosophischen Fakultät ist das der reinen Vernunfterkenntnisse, (reinen Mathematik und der reinen Philosophie, Metaphysik der Natur und der Sitten.") Auch hier trennet sich die Mathematik sogleich, und will aus Liebe zur Wissenschaft, ihrer Lehre, zum eigenmächtigen Richteramt

alles

---

*) S. 26.

alles deſſen, wovon ſie nichts weiß, nicht ver‐
dammt ſeyn.   Der Magiſter critices rationis
puræ, der Metaphyſicus naturæ et morum ſte‐
het alſo allein.   Da von einem ſolchen aber die
Statuten der Fakultät nichts wiſſen, auch ſeine
Namen ſelbſt das Lächerlich ‐ Widerſprechende
ſeiner Funktion aus höchſter Selbſtbeſtellung
„aus eigner freyer Weisheit“ anzeigen: ſo iſt von
ihm als einem Ens, das ſeiner abſoluten Voll‐
kommenheit wegen, nach eigener Maasgabe der
kritiſchen Philoſophie, gar nicht exſiſtiren kann,
nicht mehr die Rede.

„Die philoſophiſche Fakultät erſtreckt ſich auf alle Theile
des menſchlichen Wiſſens, mithin auch hiſtoriſch über die
obern Fakultäten; nur daß ſie nicht alle, nämlich die ei‐
genthümlichen Lehren und Gebote der Obern zum Inn‐
halte, ſondern zum Gegenſtande ihrer Prüfung und Kritik,
in Abſicht auf den Vortheil der Wiſſenſchaft macht.“ *)
Jeder Lehrer der obern Fakultäten muß Philo‐
ſoph in ſeiner Wiſſenſchaft ſeyn, und als ſol‐
cher die Geſchichte ſeiner Wiſſenſchaft, tiefer
ſogar als der Allgemeinlehrer aller Geſchichte,
inne haben; oder er iſt ein ſchlechter Lehrer.
Müßte er vollends den kritiſchen Metaphyſikus, der
„ohne Kenntniß des Innhalts jeder eigenthümlichen Lehre“
über alle zu urtheilen ſich anmaaßet, erſt um
Rath

Rath fragen; so wäre er ein Professor aus des
Innhaltlosen Metaphysikers Barmherzigkeit (ex
gratia et misericordia Critici nostri Apocrisiarii,
Magistri naturæ, Metaphysici morum;) welche
neue akademische Diplomatik erst eingeführt
werden müßte. Da aber die philosophische Fakultät in diesem Einen Subjekt, dem Metaphysikus, nicht wohnet; da ohne Kenntniß
des eigenthümlichen Innhalts einer Lehre oder
Wissenschaft es keine Prüfung derselben zum
Vortheil der Wissenschaft geben kann, vielmehr
es zum Verderben jeder Wissenschaft gereicht,
wenn der ununterrichtete Prüfer in den Rah-
men einer Wissenschaft Innhaltlos sein meta-
physisch = kritisches Wortgewebe flicht, und wie
jener Pedant vor dem Kriegsanführer über die
Kriegskunst schwätzet: so wird offenbar auf beyden Wegen, sowohl wenn der Lehrer einer Wissenschaft einem andern die Philosophie und Geschichte derselben unkundig überläßt, als
wenn dieser unkundig des Innhalts jene zu
prüfen sich anmaaßt, das Reich der Wissenschaften nicht gebauet, sondern verwüstet. In
allen Fakultäten bekämen wir kritisches Spinn-
gewebe, und jede reelle Wissenschaft gienge zu
Grunde.

„Die philosophische Fakultät kann also alle Lehren in
Anspruch nehmen, um ihre Wahrheit der Prüfung zu un-
terwer-

verwerfen.")*) Sie darf es, wenn sie es kann,
d. i. wenn sie die Lehren verstehet und zu prü=
fen weiß. Sie thut es aber nicht als Fakultät,
die zu solcher Prüfung weder gesetzt, noch legi=
timirt ist; jedes Mitglied derselben thuts für
seine Rechnung, als Kenner der Wissenschaft,
über welche er urtheilt, als Gelehrter. Von
dem richterlich „in Anspruch nehmen," ist in wis=
senschaftlichen Dingen gar nicht die Rede; der
Disputant oder streitende Schriftsteller ist Käm=
pfer. Geklopft wird der Pankratiast, sobald er
in Anspruch nimmt, was er zu bestehen nicht
vermag, d. i. was er nicht verstehet, und je=
dermann in oder außer der Fakultät hat das
Recht und die Macht, ihn zu klopfen.

„Die philosophische Fakultät kann von der Regierung,
ohne daß diese ihrer eigentlichen wesentlichen Absicht zuwi=
der handle, nicht mit einem Interdikt belegt werden."**)
Da die Fakultät als Fakultät die Befehle der
Regierung zu kritisiren, die Lehren ihrer Neben=
Fakultäten zu kontrolliren nicht bestellt ist, je=
der ächte Lehrer seiner Wissenschaft sich dieser
fremden Richterey auch gern überhebet: so ist
die Regierung nicht nur befugt, sondern zur
Ordnung des Ganzen nothgedrungen, den ei=
genmächtigen Kritikus, der sich ein ober=

Q 2.   richter=

---

*) S. 27.   **) Ebendas.

richterliches Amt über alle ihre Befehle, die
Kontrolle über alle Lehren seiner Mitlehrer,
Censur über aller Geschäfte der Staatsbeamten
anmaaßt, nicht mit einem Interdikt zu bele-
gen: (denn gegen solche Kritiker bedarf es keiner Interdikte;) sondern — jeder ergänze den
Satz nach Belieben. Dies erfordert der Regierung eigenthümliche wesentliche Absicht. Warum also soll der Name „Fakultät"
länger gemißbraucht werden, die zu solchen Anmaaßungen keine Fakultät hat? Trete der metaphysische Kritikus auf, der für die Wahrheit
in corpore stehen zu müssen vorgiebt! Er, ein
Oberrichter aller Befehle der Regierung, aller
Geschäftsmänner, Censor aller Fakultäten,
Oberrichter des Verstandes der Welt.

„Die obern Fakultäten müssen sich seine Einwürfe und
Zweifel, die er öffentlich vorbringt, gefallen lassen,
welches jene zwar allerdings lästig finden dürften,
weil sie ohne solche Kritiker, in ihrem, unter welchem Titel es auch sey, einmal innehabenden Besitz ungestört ruhen, und dabey noch despotisch hätten befehlen
können." *) Hoffentlich werden die obern Fakultäten, die ihnen in der benannten Schrift angewiesenen Schlaf- und Volksbetrügerplätze
nicht im Schlaf einnehmen; vor Allem wird
Der, dem der Verfasser die Schrift zugeeignet,

den

---

*) S. 27.

den seiner Fakultät glorreich = angewiesenen
Standort ausdrücklich, laut, daß es alle Fa=
kultäten hören, unter seinen Schatten und
Schirm nehmen. *) Sie wissen jetzt alle, wor=
an sie sind; die Vernunftvertretende kritische
Philosophie hat definiret.

„Nur den Geschäftsleuten jener obern Fakultäten, den
Geistlichen, Rechtsbeamten und Aerzten kann es allerdings
verwehrt werden, daß sie den ihnen in Führung ihres re=
spektiven Amts von der Regierung zum Vortrage an=
vertrauten Lehren nicht öffentlich widersprechen,
und den Philosophen zu spielen sich erkühnen:
denn das kann nur den Fakultäten, nicht den von
der Regierung bestellten Beamten erlaubt seyn, weil
diese ihr Wissen nur von jenen herhaben."
Hier ruhe die Feder, wo aller Zusammenhang
der Gedanken aufhört, und mehr als blindes
Pabstthum, der Lamadienst eintritt. Kein
verständiger Geschäftsmann wird dem ihm an=
vertrauten Geschäft weder öffentlich noch heim=
lich widersprechen; er wird es nach der ihm
vorgeschriebenen Norm treu und aufs beste ver=
walten. Auch wo Lehren sein Geschäft ist,
wird er aufs treueste, aufs beste lehren. Da

Q 3   aber

---

*) „Dem Hrn. Karl Friedrich Stäudlin, Dok
tor und Professor in Göttingen, zugeeignet von dem
Verfasser." S. Kants Streit der Fakultäten,
Blatt 2. Königsberg, 1798.

aber der Rechtsbeamte so wenig als der Ar
von Lehren weiß, die ihm der Staat anve
traut hätte, so wird kein, auch nicht der g
ringste Geschäftsmann, sich vom Metaphysik
der Fakultät seine eigenthümliche Philos
phie untersagen lassen; am wenigsten aus de
Grunde, „weil er sein Wissen nur von der Fakultät herhabe.
Armer Werkmann, der sein Wissen nur vo
der Fakultät herhat! Tibetanische Lamafakultät,
die ihm die Exkretion ihrer Hirnschaale nur un
ter der Bedingung mittheilte, in seinem Ge
schäft und über Dasselbe nie zu philosophiren,
„weil den Philosophen zu spielen, nur den Fakultäten
erlaubt sey." Ihn zu spielen, überläßt er dem
verbietenden Kritikus gern; (der Fakultät würde
ein solches Spiel zu keiner Ehre gereichen;)
nur warum der Geschäftsmann fernerhin die
Lama'sgeschenke des Kritikus, zumal mit ver=
unglimpfenden Interdikten begleitet, annehmen
müßte, ist unerfindlich. „Weil er sein Wissen
nur von der Fakultät herhat?" Risum teneatis,
amici. Und hätte ers daher; soll ers nicht an=
wenden, nicht gebrauchen dürfen, weil ers
von Fakultäten „herhat?"

Vernunft ist eine freye Himmelsgabe, von
keiner Fakultät erschaffen, von keiner Fakultät
gepachtet; jedem Geschäft, es sey des Staats
oder des Lebens, unentbehrlich, des Menschen un=

ver=

veräufferliches Eigenthum und Vorrecht. Wer den
Gebrauch irgend einer Vernunft, d. i. irgend
eines Menschen philosophiren „in Anspruch nehmen"
will, ist ein Feind der allgemeinen Menschenver=
nunft; wer solche ausschliessend, gar aus Macht
einer Fakultät, die ihn dazu nicht bevollmäch=
tiget hat, auch nicht bevollmächtigen kann, •
sich zueignen mag, hat ihrem ersten Begriff
entsaget. Vernunft wecken, Vernunft bey je=
dem Geschäft verbreiten, ist des wahren Philo=
sophen Pflicht und Sorge; wessen ists aber,
Vernunft verbieten? sie in Anschauungen, Sche=
mate, Amphibolieen, Paralogismen, Antino=
mieen, d. i. in dialektische Phantasmen ver=
wandeln, und die ersten Schulen eines Staats
in ein gleichartiges Antinomieenspiel der Fakul=
täten umformen?*) z. B.

Q 4 1. „Theo=

---

*) S. Kants Streit der Fakultäten. Königsb. 1798.

1.

„Theologische Fakultät.
Blinde Norm eines alten Bibelbuchs.

2.	3.
Juristische Fa- kultät. Blinde Norm des Landrechts.	Medicinische Fakultät. Blinde Norm der Medicinalordnung.

4.

Philosophische Fakultät.
Der metaphysische Kritikus,
Beurtheiler aller Befehle der Regierung,
Kontrolleur aller Fakultäten,
Oberrichter der Philosophie aller Ge-
schäftsleute des Staats,
Apocrisiarius. Aptokrator."

Wenn nun eben Geschäftsleute die ersten
seyn müßten, die bekennen und sagen: „die
von der Universität uns zukommende Jünglinge
sind verderbte Gewächse. Man lehrte sie ihre
Sinne, ihren Verstand und Vernunft a priori
schaffen, nicht aber die erschaffenen gebrauchen;
vielmehr lehrte man sie als Werk und Wesen
des Satans, den leidigen Empirismus verachten, fliehen und meiden; daher sie bey einer
unableglichen Sucht, Welten zu schaffen a priori, eine unüberwindliche Scheu vor aller Er-

fah=

fahrung, deſtomehr aber Luſt und Begierde
äuſſern, gleich ihrem geweſenen Magiſter-Ober-
richter, alle Befehle der Regierung zu kritiſiren,
alle Geſchäftsmänner zu controlliren, allenthalben den kritiſchen Philoſophen zu ſpielen, u. ſ.
Ohne Kenntniß der Sprachen und der Geſchichte kritiſiren junge Theologanten die Bibel
nach der Kritik der reinen Vernunft, und ſchrei-
ben ihr den rechten Sinn vor, a priori. Ohne
Kenntniß des Rechts und der Geſchichte ſehen
kritiſche Philoſophen es als ihre Beſtimmung
an, die Befehle der Regierung zu beurtheilen,
ſtatt zu befolgen. Als Metaphyſici naturæ ſind
ſie Geſetzgeber der Natur, laſſen alles aus ſich
entſtehen, indem die ganze Sinnenwelt, (ſonſt
der Rede nicht werth) nur ein Widerſchein ihrer ſelbſt iſt. Zu welchem Geſchäft ſind dergleichen Leute tüchtig?"

Wenn ſich dieſer Beſchwerde der Geſchäftsmänner die Fakultäten zugeſellen, ſagend: „unſer ſelbſtkreirte Kontrolleur, der Apocriſiarius,
verderbt uns die Jünglinge, die wir zu Werk-
zeugen des Staats bilden ſollen: ſie kommen
zu uns, nicht von uns zu lernen, ſondern
uns zu kontrolliren, überzeugt, daß auf einer
„ewigen Fehde der Fakultäten unter einander,"
und auf dem kritiſchen Ausſpruch des Meta-
phyſikers das Heil der Welt beruhe. Mühſa-
men

men Fleiß, Sprachen, Wissenschaften verachten sie, da aus ihnen selbst entstehen muß, was irgend ächte Wissenschaft seyn soll. Alle ältern Systeme der Welt, alle Geschichte dichten sie sich nach Belieben; sogar die ehrwürdigen Dekane unsrer Fakultäten holen sie Reihab und Reihan aus dem Thierkreise hinunter. Der kritische Metaphysikus hat sie zu dem Allen verleitet.‟

Geschäftsleuten und Fakultäten schliessen sich die Väter der Studirenden an: „wir sandten euch unsre Söhne, vertrauend sie dem Ganzen der Universität, ihren ursprünglichen Gesetzen und der Landesobrigkeit, in Hoffnung, sie als fähige Staatsbürger wieder zu erhalten; wir bekommen sie wieder (hem! heu! ohe! eheu! ecce!) als kritische Philosophen. Dazu hatten wir sie euch nicht gegeben.‟

Und wenn sich diesen allen lauter und lauter die Stimme der Nation anfügt: „wir werden ein Spott andrer Nationen. Habt ihr, rufen sie, eure Fort= oder Vorschritte vergessen, ihr Deutsche, daß ihr in Theologie, wie im Recht, in der Naturlehre, Chemie, Geschichte, Sprache, in der Mathematik sogar transscendiret?‟

Was sollen die Regierungen, was ein Verständiger darauf antworten, der den Vielfuß

in

in der Wolle, die kritische Philosophie in der
dialektischen Sprache, seit fast zwanzig Jahren
auf= und abgehen siehet? Ist für lauter Kritik
wahre Kritik bey uns ausgestorben? Ist nie=
mand da, der Wissenschaft, Vernunft und
Sprache von einer Usurpation, über welche in
Deutschland alle Verständigen einverstanden sind,
zu befreyen hervortrete? Möge dies Fieber,
diese nordöstliche Influenza, zu ihrer Zeit noth=
wendig, manchem gar heilsam gewesen seyn,
(woran doch sehr zu zweifeln wäre;) ein Fieber
aber muß nicht dauern, und ein Gesunder, die
wissenschaftliche Vernunft, unterhält nicht aus
Lüsten ein Fieber. Der Popanz der neuen teu-
tonic Philosophy ist gespielt; zurück von An=
schauungen, Schematen und Gegenvernünften
zum Verstande und zur Vernunft, von der
dialektischen zur wissenschaftlichen Vernunft
und Sprache. Mit Ablauf des Jahrhunderts
wollte die kritische Philosophie (so hat sie sich
selbst die Nativität gestellet) ihr Geschäft vol=
lenden; Heil ihr! es gehe zu Ende.

—————————

Der

Der Streit der Fakultäten.

Eine kritisch-freundliche Anrede.

In einem zwar nicht immer friedlichen, doch aber fleißigen Bienenkorbe, ließ sich ein Ankömmling sehen, der von der Decke herab, als ob er vom Olympus selbst niedergestiegen wäre, seine Stimme also erhob:

„Ihr niedrigen Geschäftsleute, abwärtssehende, nie müßige Empiriker, schauet aufwärts. Gewohnt, alles außer euch herzunehmen, und von der Rose sowohl als der Distel zu stehlen, was euch nicht gehört, sehet, sehet auf mich, die sichtbargewordne Synthesis a priori, das runde Ur all. Vollkommner als das Orphische Ey, aus welchem die Welt entstand, (denn ihm war ein Eros nöthig) ziehe ich aus mir selbst, ein Gesetzgeber der Natur, die Fäden des Universum, ohn' alle Liebe, aber voll- und allein- und allgültig, Postulate alles Spinnens und Webens in allen Welten. Arachne ist mein Name; ich stritt mit der Pallas und überwand sie. Ihr Neid konnte meine Kunst verengen, vervollkommte sie dadurch aber unendlich. Schauet.“

Sofort schwenkte sie sich nieder, klebte hier, da und dort, allenthalben an; die Bienen wußten nicht was oder wozu? Ungewiß über den

authen-

authentischen Sinn des Vortrages der
Künstlerin, beschloßen sie, aus ihrem Mittel einige an sie zu senden; die Königinn der Bienen
selbst ordnete eine Gesandtschaft ab, um den
Ankömmling über seine Legitimationen und den
Zweck seines Berufs zu befragen, der ihnen
aber als Ihro Majestät getreuester Unterthan *)
eine eingewickelte Antwort gab und fortwebte.
Als der Bau seiner Meynung nach geendet
war, erhob sich der Meister, und sprach also:

„Niedriges Volk, verdammt, nach einer
„blinden Norm zu handeln, so lange schuf ich,
„und ihr begriefet nicht, wozu ich schuf? Euer
„kritischer Aufseher bin ich, euch alle umspin-
„nend, euch alle regulirend; ich aber bin ohne
„Gesetz und Kanon, als die ich mir selbst gebe.
„Ich,

---

*) „Ich halte für das Sicherste, hiemit als Euer
Majestät getreuester Unterthan feyerlichst zu
erklären. — Auch diesen Ausdruck wählte ich vorsichtig,
damit ich nicht der Freyheit meines Urtheils in diesem
Religionsprozeß auf immer, sondern nur so lange
Sr. Majestät am Leben wäre, entsagte.“ Kants
Streit der Fakultäten, Vorr. S. XXII.) — Eine
Maxime der feyerlichsten Wahrhaftigkeit, die würdig
ist, allen getreuesten Unterthanen aller Majestäten in
jedem Planeten Maxime zu werden. Auf alle Lebens-
fälle ist sie anwendbar; man wähle nur vorsichtig
und mit Sicherheit, daß der andre dabey nicht
denke, was wir dabey denken, den Ausdruck.

„Ich, das runde Urbild der Wesen, spinne
„aus mir die moralische Weltordnung,
„in welcher ihr (schauet hinauf!) die ausge=
„sognen Leichname eurer Brüder hangen sehet.
„Zu nichts besserem waren sie da, als der
„Synthese a priori zum Raube zu dienen.
„Daraus setze ich dann, und imaginire mir
„ein Allwesen, das aber viel zu vollständig ist,
„als daß es, als daß es —"

Eben wehte ein Lüftchen vorüber, und nahm
den Redner weg; sein Gespinnst fiel nieder.
Viele und lange Mühe hatten die Bienen, ihr
süßes flüssiges Gold sowohl als ihre Cellen und
Flügel vom niedergesunkenen Unrath zu säubern;
dann flogen sie frölich aus und sumseten:

 Spinne Spinnen=Gewebe,
  Wer Besseres nichts vermag.
 Wir fliegen und sammlen Götterkost,
 Labende Speis' und hellere Flamme dem
   leuchtenden Licht.
 Spinne Spinnen=Gewebe,
  Wer besseres nichts vermag.

Vor jedem kritischen Ankömmlinge aber ver=
wahrten sie fortan ihre Thore.